Carl von Hohenzollern

Meine Erlebnisse während des russisch-japanischen Krieges 1904 1905

Carl von Hohenzollern

Meine Erlebnisse während des russisch-japanischen Krieges 1904 1905

ISBN/EAN: 9783955642563

Auflage: 1

Erscheinungsjahr: 2013

Erscheinungsort: Bremen, Deutschland

@ EHV-History in Access Verlag GmbH, Fahrenheitstr. 1, 28359 Bremen. Alle Rechte beim Verlag und bei den jeweiligen Lizenzgebern.

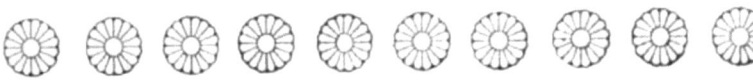

Meine Erlebnisse während des russisch-japanischen Krieges 1904—1905

Von

Carl Prinz von Hohenzollern

Generalmajor à la suite des 1. Garde-Dragoner-Regiments

Berlin 1912
Ernst Siegfried Mittler und Sohn
Königliche Hofbuchhandlung, Kochstraße 68—71

Seine Königliche Hoheit Fürst Leopold von Hohenzollern
königlich Preußischer Generaloberst
1835—1905

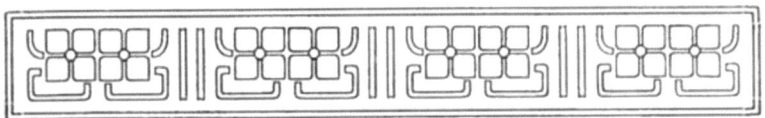

Vorwort.

Dies Büchlein, das ich der Öffentlichkeit übergebe, möge mit Nachsicht aufgenommen werden, denn meine Aufzeichnungen sollten ursprünglich Tagebuchblätter sein, die ich meinem Vater widmen wollte.

Jetzt, wo er nicht mehr unter uns weilt, weihe ich sie seinem teuren Andenken.

Burg Namedy, Herbst 1911.

Carl Prinz von Hohenzollern,
Generalmajor à la suite
des 1. Garde-Dragoner-Regiments.

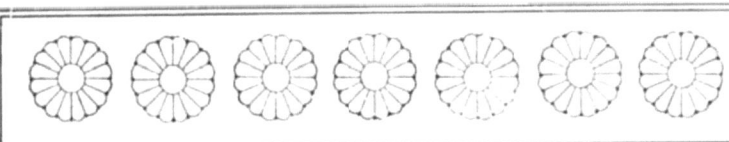

Inhaltsverzeichnis.

Seite

Ausreise und Aufenthalt in Japan . . . . . 1—26

Auf der „Sachsen" S. 3. — Empfang beim Kaiser Mutsuhito S. 5. — Bekanntschaften in Tokio S. 9. — Festlichkeiten in Tokio S. 15. — In Nikko und Umgegend S. 19. — Auf dem Nantaisan S. 21. — Am See von Chuzendji S. 25.

Auf dem Kriegsschauplatz . . . . 27—69

In der Kaiserstadt Kyoto S. 29. — Ankunft in Dalny S. 31. — In Liaoyang S. 33. — Die japanischen Heerführer S. 37. — Auf dem linken Flügel der IV. Armee S. 41. — Leben in Liaoyang S. 45. — Einnahme der 203 m-Höhe S. 47. — Weihnachtsfeier nach deutscher Art S. 49. — Silvester und Neujahr S. 51. — Aufbruch nach Port Arthur S. 55. — Ausblick auf Port Arthur S. 57. — In den Forts S. 59. — Besichtigung von Golden Hill S. 63. — Gefecht von Sandepu S. 67.

Schlacht bei Mukden . . . . 70—126

Versammlung der V. Armee S. 71. — Zusammensetzung der Armee S. 73. — Auf dem Hsikuoshan S. 75. — Fortschritte der IV. Armee S. 77. — Auf dem Hun pau than S. 79. — Rückzug der Russen S. 81. — Die russischen Stellungen S. 83. — Besuch des Kaisergrabes Fuling S. 85. — In der Stadt Mukden. Der

Kaiserpalast S. 89. — Der kommandierende General und der Zivilgouverneur S. 91. — Besuche der Generale Kodama und Oku S. 93. — Japanische Scheinangriffe am Schaho S. 97. — Übergang der Japaner auf das rechte Hunho-Ufer S. 99. — Vorgehen der III. und IV. japanischen Armee S. 101. — Kämpfe in der Linie Changtan—Nien yu pao S. 103. — Siegreiches Vordringen der Japaner auf der ganzen Linie S. 105. — Russischer Gegenstoß abgeschlagen S. 106. — Lage der II. Armee am 4.—8. März S. 106—116. — Das Ende der Schlacht S. 118. — Überreichung des Pour le mérite an General Nogbi S. 121. — Das Pailinger Kaisergrab S. 123. — Abschiedsfeste in Mukden S. 124.

Rückreise nach Japan . . . . 127—145

Auf der „Aki Maru" S. 128. — Ankunft in Kyoto S. 131. — Ankunft in Tokio S. 133. — Festlichkeiten in Tokio S. 135. — Abreise von Tokio S. 137. — In Myanoshita S. 139. — Ankunft in Kure S. 141. — Abschied von Japan S. 143. — Heimwärts auf der „Roon" S. 144.

Rückreise bis Genua . . . . 146—159

In Shanghai S. 147. — In Hongkong S. 149. — In Singapore S. 151. — In Penang S. 152. — Nach Colombo S. 154. — Auf Ceylon S. 156. — Aden S. 158.

Ausreise und Aufenthalt in Japan.

Ende Juli 1904 erhielt ich ein chiffriertes Telegramm von Sr. Majestät dem Kaiser aus Aalesund mit dem Auftrage, nach Japan zu gehen und im japanischen Hauptquartier dem Kriege in der Mandschurei beizuwohnen. Es hieß, schnell die Reisevorbereitungen treffen und sich zum Abschied von den Seinen rüsten, der sicherlich eine lange Trennung bedeuten sollte!

Am 12. August begab ich mich mit meiner Frau nach Krauchenwies bei Sigmaringen, um noch einige Tage bei meinen Eltern zu verbringen, und reiste nach schwerem Abschied von Hause am 15. nachmittags auf unbestimmte Zeit von der Heimat ab, begleitet von meiner Frau, die mich noch aufs Schiff nach Genua bringen wollte.

Die Reise dorthin war der drückenden Hitze wegen anstrengend und der Sinn und die Freude an der Schönheit der Natur, der schönen Felsschlucht bei Ronco litten beträchtlich unter dem Gefühl der Müdigkeit und Abgespanntheit, die von der tropischen Hitze hervorgerufen wurden.

Am Abend des 16. August traf mein Schwager mit meiner Schwägerin aus Belgien in Genua ein, um mir noch Lebewohl zu sagen und meine Frau nach Belgien zu ihren Eltern zu bringen.

Am 17. um 11 Uhr, nachdem Abschied genommen war, dampfte die reich bewimpelte „Sachsen" unter den Klängen von „Muß i denn" zum Hafen heraus. Lange noch suchte mein Auge einen gewissen hellen Punkt!

„Sachsen".

Herrlich blau war die See, und der leichte Wind, den die Bewegung des Schiffes verursachte, brachte angenehme Kühlung.

Um 4^{40} kamen wir an der schön geformten Insel Gorgona vorüber, die mit einer senkrechten Felswand ins Meer absetzt. In weiter Ferne wird ein Schiff sichtbar, welches durch das Glas gesehen als eines unserer Schulschiffe erkannt wird. Das Meer hat eine herrliche Farbe;

gegen Abend erblicken wir von der Kommandobrücke eine schön
geschwungene Berglinie; es ist die Insel Elba. Elba —
Napoleon! Diese Namen sind innig miteinander verknüpft.

Bis spät in die Nacht hinein sehen wir den Spiege-
lungen des Mondes in der sanft bewegten See zu. Als
meinen Begleiter hatte man Major Fritz v. Bronsart
kommandiert, eine mir um so liebere Wahl, als mir Herr
v. Bronsart vom ersten Augenblick unserer Bekanntschaft,
die in unsere Potsdamer Zeit hinaufreichte, sehr sympathisch
geworden und ich ihm in der letzten Zeit durch unsere ge-
meinschaftliche Tätigkeit beim Generalstabe des Gardekorps
näher getreten war. Als Feldjäger wurden mir die Leutnants
Boldt und Schütte beigegeben, die aber erst mit dem nächsten
Schiffe nachfolgten.

In Neapel machten wir eine kurze Station und gingen
trotz der drückenden Hitze an Land, wo ich meine italienischen
Brocken zur Hand nehmen mußte, um die Belästigung der
unehrlichen Droschkenkutscher und Fremdenführer in nichts
weniger wie freundlichen Ausdrücken abzulehnen. Wie
immer in Neapel, umgaukeln zahllose Barken die „Sachsen",
und in die mondhelle Nacht klingen die wehmütigen Weisen
von „Santa Lucia" oder „Addio mia bella Napoli", ge-
sungen von teilweise sehr hübschen Stimmen.

Am 19. zeigte sich die rauchende Pyramide des immer
noch tätigen Stromboli, und später fuhren wir durch die
sonnenbeschienene Straße von Messina, in der viele Delphine
ihr possierliches Spiel trieben. Die Plätze, die wir be-
rührten, will ich später bei der Rückkehr genauer beschreiben,
und hier nur die stürmischen Tage erwähnen, die wir bei
Sokotra und im chinesischen Meere erlebten.

Shiba-Palais.

Bei strömendem Regen kam am 25. September die „Sachsen" in Yokohama an, wo ich unter Salut des Stationsschiffes von den Spitzen der Behörden, der deutschen Gesandtschaft und meinem aus Zeremonienmeister Ito und Oberstleutnant Nagayama bestehenden Ehrendienst empfangen wurde. Beide Herren sprachen gut deutsch und zeichneten sich durch großen Eifer und Liebenswürdigkeit aus.

Ein Extrazug brachte mich in einer kleinen Stunde nach Japans Hauptstadt Tokio. Am Bahnhof war großer Empfang und mit Eskorte wurde ich durch den deutsch sprechenden Prinzen Yamashina nach dem reizend inmitten eines feenhaften Parkes am Meer gelegenen Shiba-Palais geleitet. Eine Kompagnie mit Fahne, die für die Zeit meiner Anwesenheit als Ehrenwache dort stationiert war, erwies die Ehrenbezeugungen ebensogut wie unsere Truppen. Die Gewehrgriffe klappten ausgezeichnet und die Richtung der Glieder war tadellos.

Am 26. um 12 Uhr mittags wurde ich vom Kaiser empfangen. Im Palais von dem gesamten Hofstaat Sr. Majestät erwartet, gingen wir unter großem Vortritt mehrere Gänge entlang, bis mir in einem derselben der Kaiser mit ausgestreckter Hand entgegenkam und mich mit ausgesuchter Freundlichkeit begrüßte, um mich zur Kaiserin zu führen.

Der Kaiser Mutsuhito, eine stattliche Erscheinung mit von ergrauendem Barte umrahmten intelligenten Gesichtszügen, war in große Generalsuniform gekleidet und hatte das Band des Schwarzen Adlers angelegt.

Wir zogen uns in einen kleinen Salon zurück, in dem ich Seine Majestät folgendermaßen anredete:

„Sire!

Sa Majesté l'Empereur d'Allemagne, mon auguste Souverain à daigné me choisir parmi les princes de sa famille pour m'envoyer en mission auprès de V. M. pour être l'interprète de ses sentiments de sympathie envers Vos Majestés et pour suivre avec le consentement de V. M. les opérations de guerre des armées en Manshourie, les opérations de guerre de cette brillante et vaillante armée, qui fait l'admiration de l'Europe entière.

Sire! je tâcherai de remplir ma mission à la satisfaction de S. M. l'Empereur d'Allemagne et à celle de Votre Majesté impériale!"

Nachdem diese kurze Ansprache durch Zeremonienmeister Yamanouchi verdolmetscht worden war, antwortete der Kaiser: „Er sei sehr erfreut, daß Se. Majestät einen Prinzen Seines Hauses zu ihm gesandt habe. Es sei dies eine Ehre für ganz Japan und für die Armee, deren Lehrmeister Deutschland gewesen sei; er hoffe, daß ich eine Schlacht mitmachen könne, und habe befohlen, daß mir alles gezeigt würde, was ich sehen wolle."

Hierauf wurden die kaiserlichen Prinzen hereingerufen und mir vorgestellt, und sodann führte ich Ihre Majestät die Kaiserin in den herrlich geschmückten Speisesaal, in welchem die Gäste, wie bei Galadiners in Berlin, schon vor ihren Plätzen standen.

Während des Essens spielte die Hofkapelle deutsche Weisen und wechselten der Kaiser und ich kurze Trinksprüche. Die Kaiserin ist älter als der Kaiser und macht den Eindruck großer Güte. Den folgenden Tag erwiderte Se. Majestät meinen Besuch im Shiba-Palais und übergab mir den Chrysanthemum-Orden mit liebenswürdigen Worten.

Jeder Tag brachte Neues und machte mich mit neuen, zum Teil bedeutenden Männern bekannt. In Japan arbeitet hoch und niedrig.

Von den Persönlichkeiten, die ich kennen gelernt und denen ich im Laufe der Zeit näher getreten bin, sind entschieden die interessantesten der alte Feldmarschall Fürst Yamagata und Fürst Ito. Die Ermordung des letzteren durch die Hand eines Koreaners hat in der ganzen Welt aufrichtige Teilnahme hervorgerufen, wie dies nicht anders möglich sein kann, wenn ein bedeutender Mann durch Meuchelmord umkommt. Ein Ritter ohne Furcht und

General-Feldmarschall Fürst Yamagata.

Tadel, ist der Feldmarschall, wie alle großen Leute, bescheiden. Japans größter Militär und Staatsmann, genießt er das absolute und berechtigte Vertrauen seines kaiserlichen Herrn. Im Verkehr von berückender Liebenswürdigkeit, hat er einen ausgesprochenen Sinn für Humor, und die Stunden, die ich in seinem schönen Hause zubrachte, dessen altjapanischer Teil viel des Bemerkenswerten und Interessanten bietet, zählen zu den schönsten, die ich in Tokio verlebt habe. Fürst Ito, der nach der Umwälzung die Fremden gerufen, war ihnen damals, wo Japan sich zu einer Großmacht ausgewachsen hatte, weniger hold. Vielleicht fürchtete er, daß die Japaner, nachdem sie das Gute angenommen, das Europa ihnen brachte, nun auch das Schlechte der Überzivilisation annehmen und viel von ihrer Individualität verlieren würden.

Ein Charakter von Eisen ist der sehr geschickte Kriegsminister General Terautsi. Zunächst zurückhaltend im Wesen, merkt man bei näherem Verkehr, welch guter Kern in dem Manne steckt, der für mich von großer Liebenswürdigkeit und mir eine große Hilfe auf dem Kriegsschauplatz war.

Täglich war des Neuen so viel, daß es zweier Menschen bedürfte, um all diese Eindrücke zu Papier zu bringen.

Feste, die mir zu Ehren gegeben wurden, machten mich mit den japanischen Damen und denen des diplomatischen Korps bekannt, während ich die chefs de missions und die im Generalsrange stehenden Japaner schon im Shiba-Palais empfangen hatte. Dieser Empfang, der zwei Stunden dauerte, war mir höchst unangenehm. Unter den Damen der Diplomatie fiel mir durch ihren Liebreiz und ihre animierte Unterhaltung Mistreß Griscom, die junge Frau des liebenswürdigen und weltgewandten amerikanischen Gesandten, auf.

Am 28. September standen vor dem Shiba-Palais Reitpferde aus dem Kaiserlichen Marstall bereit, die mich in langem Ritt durch die Straßen von Tokio nach dem Exerzierplatz brachten, auf dem wie bei uns „feste gedrillt" wurde. Alle Bewegungen wurden exakt ausgeführt. Abends gab mir der Kriegsminister ein vorzügliches Herrendiner, das sehr anregend verlief; an demselben nahm der Feldmarschall Fürst Yamagata teil, und nach Tisch machten alle japanischen Offiziere vor mir einen Parademarsch im Garten, wie bei uns nach großen, heiteren Regimentsfesten. Der nächste Tag war dem Besuch der Kriegsschule, Hauptkadettenanstalt und der deutschen Institute gewidmet, und ich kann mich nur lobend an dieser Stelle über die Tätigkeit des Pastors Hanse aussprechen, in dem ich einen intelligenten Mann kennen gelernt habe. Denselben Tag machte ich dem ehrwürdigen 80jährigen katholischen Erzbischof Msgr. Osouf meinen Gegenbesuch, und der Abend wurde in der belgischen Gesandtschaft bei Baron d'Anethan verbracht.

Der 30. September brachte mir manches Neue, indem mir Se. Majestät im Garten des Shiba-Palais ein altjapanisches Polo vorführen ließ, an dem besonders die wunderschönen Kostüme der in Brokatstoffen gekleideten Reiter sehr bemerkenswert waren. Mittags war ich bei einem reichen Manne, namens Okura eingeladen, der mir sein Haus und seine reichhaltigen Sammlungen zeigen wollte. Das Frühstück war japanisch, doch konnte ich den Speisen keinen großen Geschmack abgewinnen, nur der Sake mundete mir. Geishas servierten und unterhielten uns durch ihre anmutigen Tänze. Die Sammlung des Herrn Okura birgt herrliche Schätze in japanischen Schwert-

Fürst Ito.

General Baron Terautsi, Kriegsminister.

griffen, Goldlackgegenständen und interessanten Porzellanen. Am Abend dinierte ich beim Prinzen Fushimi Sadanaru, der ein Halbbruder des Kaisers ist und bei Nanshan die 1. Division kommandiert hatte. Da er Witwer ist, so machte seine Schwiegertochter die Honneurs. Sein Sohn lag krank im Palais, da er sich noch nicht von seiner Verwundung erholt hatte. Prinz Sadanaru spricht etwas französisch. Nach Tisch hatte ich Gelegenheit, lange mit den Admiralen Yamamoto und Jjuin mich zu unterhalten.

Am 1. Oktober morgens machte ich der Marquise Oyama einen Besuch. Sie empfing mich mit ihrer reizenden Tochter im Kimono, der den japanischen Frauen viel besser steht als die europäische Kleidung. Nachher besuchte ich das vorzüglich eingerichtete Rote Kreuz-Hospital. Dort wurde ich von allen dirigierenden Ärzten und dem sehr gut deutsch sprechenden General Baron Dr. Jashimoto empfangen. Ich sah, nachdem der übliche Tee serviert war, die Kaiserlichen Prinzessinnen Kan-Jn, Nashimoto und Kuni sowie viele Damen der Gesellschaft bei der Arbeit und wurde durch alle Räume geführt; die Luft war ausgezeichnet und kein Raum überfüllt. Schreckliche Verwundungen sah ich, doch war mein Erstaunen groß, als ich den vorzüglichen Heilungsprozeß vieler Wunden, wie Ellenbogen- und Knieschüsse, sah. Am 2. Oktober mußte ich im Shiba-Palais den Prinzen und den offiziellen Persönlichkeiten ein großes Diner geben, bei dem es leider nicht ohne Tischreden ging. Diese Zeit war sehr anstrengend für mich, denn jeden Abend mußte man en parade und liebenswürdig sein, so daß ich froh war, mich danach in dem herrlichen Bergdistrikt von Nikko etwas ausruhen zu können.

Da ich von Seiner Majestät nach Japan und dem Kriegsschauplatz entsandt war, ich natürlich auch Eile hatte, dorthin zu kommen, so waren für den Aufenthalt in Nikko nur drei Tage vorgesehen. Um 9 Uhr vormittags ging am 3. Oktober mein Zug. Es hatten sich zur Verabschiedung eingefunden Prinz Yamashina, der Minister des Äußern Baron Komura, Hausminister Graf Tanaka, der Gouverneur von Tokio General der Infanterie Baron Sakuma, die Generale Murata und Nagaoka, Graf Arco usw.

Die Umgebung von Nikko erinnert mich an unsere Vorarlberger Alpen; einer der Berge heimelte mich besonders an, denn er brachte mir den Anblick des hohen Freschen von Alpe Tschuggen aus in Erinnerung.

Nikko.

Blick von Ritto auf die Kette des 2380 m hohen Noyobojan.

Nikko liegt 613 m über dem Meeresspiegel am Ausgange der Schlucht des wasserreichen Dayagawa, mit seinen tosenden Fluten, der mich an die Tamina erinnert. Auch hier in dieser herrlichen Natur war ich kein „freier Mann". Von meinem Ehrendienst begleitet, konnte ich keine Bergbesteigung unternehmen, sondern mußte mich mit dem immerhin herrlichen Ausflug nach dem See von Chuzendji begnügen. Die Uniform wurde in Nikko mit einem Zivilanzug vertauscht, und in der Morgenkühle schritten unsere Rikschafahrer rüstig einher auf dem Sträßchen, das in der Schlucht am rauschenden Dayagawa in mäßiger Steigung emporführt. Nach 1½ Stunden erreichen wir das erste Teehaus. Die Schlucht verengt sich, und an Stelle der grünen bewaldeten Hänge treten schroffe Abfälle und Felswände, von denen silberweiße Wasserfälle, die

Tal des Dayagawa.

Blick auf den Nantaisan.

den Wanderer mit ihrem Sprühregen erfrischen, herabstürzen. Die Steigung wird so stark, daß wir es vorziehen, zu Fuß zu gehen, und bei einer Biegung des Weges bietet sich dem Auge zum ersten Male der Blick auf die braun und violett gefärbten Flanken des 2482 m hohen Nantaisan, der mich an den Monte Luna erinnerte, wie ich ihn vom Vasaner Kopf aus sah. Wir verlassen den sich über Felsblöcke und kleine Felsabsätze tosend herabstürzenden Dayagawa und biegen in die Schlucht des Hanya=Baches; eine starke aber kurze Steigung ist zu überwinden, und wir sind am zweiten Teehause angelangt.

Schwer können Worte den herrlichen Blick schildern, der sich von dort aus dem Auge bietet. Es ist kein weites Panorama, aber wie mannigfach, wie lieblich und großartig zugleich! Den Blick nach Norden gewandt, sehen wir zwei tiefeingeschnittene Schluchten, die eine zerreißt die Flanken des 1560 m hohen, in scharfem Horn endenden Tanzei Yama; in ihr stürzt in schönem, 120 Fuß hohem Fall der Hanya=Bach herunter, 300 m davon, nur durch einen üppig bewaldeten Grat getrennt, hat sich der Hotodaki in die Felsflanken des Nantaisan eine Schlucht eingegraben, in der er vor seiner Vereinigung mit dem Hanya=Bach einen schönen, wasserreichen Fall bildet. Nachdem wir längere Zeit auf dem Felsvorsprung des Teehauses verweilt, unsere Blicke an all der Schönheit und Pracht berauscht haben, wenden wir den Blick gen Osten; dort braust mehrere hundert Fuß unter uns der Dayagawa durch sein Felsenbett.

Am See von Chuzendji.

An den Ausläufern des Nantaisan geht nun unser Weg weiter durch herrlichen Bergwald, teils Tannen, teils Bergahorn, bis wir nach einer weiteren Stunde das letzte und dritte Teehaus erreichen. Der Blick in die Dayagawa= schlucht sucht an Schönheit seinesgleichen. Wohl 400 m unter uns sieht der Fluß einem Silberband ähnlich, das sich durch finstere Felswände seinen Weg bahnt, und es scheint, als ob der in schwarzer Wand abstürzende Tanzei Yama ihm jeden weiteren Weg versperren wollte.

Doch es treibt uns aufwärts; noch 100 m Steigung, und wir hören dumpfes Donnern an unser Ohr schlagen. In lichtem Walde schreiten wir nun fast oben rüstig vor= wärts und stehen vor einem herrlichen Schauspiel der Natur. Ein steiler, mit Geländer versehener Fußsteig führt uns 100 Schritt abwärts. Vor uns stürzt mit gewaltiger Wasser= masse in einen von Wasserstaub angefüllten, in tausend Farben schillernden Kessel der Dayagawa in einem Sprunge von 260 Fuß herab; es ist der Abfluß des nahen Sees von Chuzendji. Ein Bild der Kraft!

Nach einer Viertelstunde stehen wir am See von Chuzendji, der, eingebettet in hohe Berge von 1600 bis 2400 m, ruhig und klar daliegt in einer Höhe von 1316 m, mich an den Wallensee erinnernd.

Nach einem ausgezeichneten Frühstück im hübschen Lake=Hotel (Chuzendji ist die Sommerfrische für das diplo= matische Korps) gingen wir an dem mit Tempeln und Lusthäusern bestandenen Seegestade entlang.

Doch bald hieß es aufbrechen, denn abends hatte ich einen alten Daimio, den Oberjägermeister Grafen Toda, zum Essen eingeladen, der mir auf Befehl des Kaisers

Kegonfall.

eine Fasanenjagd geben sollte. Der Abstieg war herrlich, und ich raste die steilen Hänge herunter, wobei einige meiner weniger berggewohnten Begleiter nähere Bekanntschaft mit dem Felsboden machten. Für den Aufstieg

Tempel in Nikko.

hatten wir fünf Stunden gebraucht, der Abstieg bis Nikko vollzog sich in drei Stunden.

Der 5. Oktober war der Jagd gewidmet; das Unterholz beinahe undurchdringlich, wodurch man im Schießen behindert war. Das Wetter war uns nicht günstig und die Strecke gering: 9 Fasanen; ich schoß zwei Kupferhähne. Die kurzen Stunden, uns am 6. in Nikko noch beschieden waren, wurden zum

Fuji Yama.

Besuch des großen Tempels benutzt, der vielleicht das schönste Muster kirchlicher Architektur des ganzen Inselreiches ist.

Am 6. abends waren wir in Tokio zurück, und nun begann wieder das angestrengte gesellige Leben bis zu meiner Abfahrt in die Mandschurei. Ein ganzer Tag wurde trotz meiner starken Erkältung Yokohama gewidmet, und am 11. Oktober, dem Tag vor meiner Abreise, zeigte sich ganz herrlich der Fuji Yama mit seinem Schneemantel.

Auf dem Kriegsschauplatz.

Am 11. Oktober endlich war ich von meiner Erkältung so weit hergestellt, daß ich Tokio verlassen konnte, um mich nach dem Kriegsschauplatz zu begeben. An der Bahn war ganz Tokio, so daß man lange vor Abgang des Zuges zur Stelle sein mußte, selbst der greise Feldmarschall Yamagata war gekommen. Mit den „guten Wünschen" der Japaner und der chefs de missions ausgestattet fuhr ich ab. Um die alte Kaiserstadt Kyoto kennen zu lernen, hatte das Programm einen kurzen Aufenthalt in dieser Stadt vorgesehen. Die Ankunft erfolgte um 7.30 vormittags, und eine tausendköpfige Menge hatte sich versammelt, um den deutschen Prinzen, „deutsch denka", zu sehen und ich muß sagen mit großer Sympathie zu begrüßen. Im Hotel angelangt, wurde gefrühstückt, etwas Toilette gemacht und dann ging es in mehreren Wagen zu den außerhalb der Stadt liegenden Kaisergräbern. Dort von der Geistlichkeit empfangen, wurde ich zu dem Grabe des Kaisers geführt, wo ich in Form eines Zweiges „einen Kranz" niederlegte. Kyoto, das über 300 000 Einwohner zählt, ist die japanischste aller japanischen Städte, der zahllosen Tempel wegen kann man es das japanische Rom nennen. Unzählige, zum Teil sehenswerte Tempel erheben ihre scharf profilierten Dächer über die Häuser und geben dem Gesamtbild der Stadt ein interessantes Gepräge. Das Museum, welches ich nachmittags besuchte, enthält, ohne gerade sehr reichhaltig zu sein, viel Schönes, besonders einen großen Schatz an gemalten Paravents.

Auch in Kyoto wurde man nicht von Besuchern verschont, denn die beiden Bischöfe Grafen Otani, von denen der jüngere des Kronprinzen Schwager ist, kamen zu mir.

Am Abend gab mir die Stadt in einem Teehause ein japanisches Fest, bei dem wir uns auf Matten lagerten und sehr niedliche Geishas uns bedienten und poetisch hübsche Tänze in schönen alten Kostümen aufführten. Eine Geisha, Fuku mit Namen, verdient es, besonders erwähnt zu werden, wegen der zierlichen Art, sich zu geben.

Der nächste Morgen war dem Besuch des herrlichen Shogun-Palastes gewidmet. Man sieht dort Goldbronzebeschläge an Türen und Decken, die mich wegen der Feinheit ihrer Zeichnungen in Erstaunen setzten. Ganze Wände der Säle waren mit Malereien aus der Tierwelt bedeckt, in natürlicher Größe auf Goldgrund und in meisterhafter Ausführung abgebildet. Nach dem Besuch des Shogun-Palastes wurde mir ein recht interessantes Kontrafechten vorgeführt, an dem sich auch Frauen beteiligten. Diese Übungen, welche die Energie und den Mut stählen und den Körper geschmeidig machen, sollten auch bei uns für die heranwachsende Jugend eingeführt werden.

Um 4 Uhr nachmittags hieß es, der gastlichen alten Kaiserstadt Lebewohl sagen, in der mir durch das Stadthaupt Marquis Saigo viel Liebenswürdigkeiten erwiesen worden waren. Über Osaka—Kobe, wo die Ruhe durch große Empfänge gestört wurde, kamen wir am 15. Oktober unter Salut der Geschütze in Shimonoseki an, wo auch Empfang durch die Spitzen der Behörden und den Festungskommandanten General Aria stattfand.

Der 16. Oktober brach mit schönem Sonnenschein an, und begleitet von den Spitzen der Behörden, meinem treuen Ehrendienst, Ito und Nagayama, einigen Herren der deutschen Gesandtschaft, schiffte ich mich an Bord der „Awa Maru" um 9 Uhr morgens ein. Nun hieß es von allen Anwesenden Abschied nehmen. Mit Schaumwein wurde angestoßen, und nachdem sich alle Begleiter entfernt, fuhr die „Awa Maru" stolz und ruhig unter dem Salut der Geschütze aus dem Hafen. Mein Stab bestand aus dem Major Bronsart v. Schellendorff vom Großen Generalstabe, den beiden Feldjägern Boldt und Schütte und dem mir zugeteilten japanischen Obersten Nagayama, der gut deutsch sprach. Mit den Feldjägern war das Abkommen getroffen, daß immer einer die Rückkehr des andern vom Kriegsschauplatz in Tokio abwarten sollte.

Vor der „Awa Maru" fuhr der Kreuzer „Niitaka", und Torpedoboote begleiteten mich bis zwei Stunden hinter Shimonoseki. Am Horizont werden große Schiffe gesichtet, die sich schnell nähern. Es ist das Kreuzergeschwader des Vizeadmirals Kamimura, das mir entgegenkommt, um mich lange Zeit zu begleiten. Das Geschwader feuert den Salut, die Musikkorps intonieren „Heil Dir im Siegerkranz", und die in Parade aufgestellten Matrosen rufen dreimal „Banzai"! Wahrlich eine großartige Ovation auf hoher

See. Um 5 Uhr schwenkte unter dem gleichen Zeremoniell der Admiral nach Norden ab, nachdem ich ihm mehrfach meinen Dank hatte hinübersignalisieren lassen.

Nun folgten wir im Kielwasser der „Niitaka". Der Kapitän der „Awa Maru" war ein Deutscher, namens Trendt, und es mutete mich angenehm an, meine Muttersprache mit ihm sprechen zu können, außerdem war zur Führung des Schiffes vom Marineamt der Fregattenkapitän Tanaka kommandiert. Die Fahrt ging nunmehr an den schöne Berglinien zeigenden koreanischen Inseln vorbei, und am 18. Oktober nachmittags kamen wir nach Dalny. Schon vorher hatte uns der steile, 600 m hohe Mont Sampson durch die Schönheit seiner Form entzückt. Das Wetter war morgens eisig geworden und es setzte so starker Sturm ein, daß unsere Pferde mittels Kranes in den unteren Schiffsraum gebracht werden mußten. Die See ging so hoch, als die „Awa Maru" unter dem Salut des Geschwaders Admiral Hosoyas in den Dalnyer Hafen einfuhr, daß wir nicht am Kai halten konnten.

Admiral Hosoya kam mit den Offizieren seines Stabes, dem Obersten Furutani und dem mit dem Roten Adler 2. Klasse mit Schwertern geschmückten Oberst Sura an Bord. Trotz des hohen Seeganges mußte ich an Land; denn bis zu meinem Quartier bildete die ganze Garnison Spalier; so stieg ich in die kleine gepanzerte Dampfpinasse des Admirals, was nicht ohne Schwierigkeiten vonstatten ging, und wurde pfeilschnell an den Landungssteg gebracht, doch war das kleine Schiff ab und zu unter den Wellen förmlich begraben. Beim Landen erfuhr ich durch ein liebenswürdiges Kondolenztelegramm der japanischen Maje=

stäten den am 15. erfolgten Tod meines Onkels, des Königs Georg von Sachsen. Unser Quartier war das luxuriös gebaute Haus des russischen Präfekten Sacharow. Dalny liegt schön, zwar öde, aber von scharfgeschnittenen Bergen umgeben.

Es macht fast den Eindruck einer europäischen Villenstadt, und die luxuriöse Anlage muß den Russen horrende Summen gekostet haben. Bei einem Spazierritt um Dalny sahen wir viele russische Gefangene und hörten den Kanonendonner von Port Arthur. In dieser Zeit war die Schlacht am Shaho geschlagen worden, die Russen waren wieder zurückgegangen! Unsere Ungeduld, bald auf den Kriegsschauplatz zu kommen, wuchs von Stunde zu Stunde.

Endlich am 20. um 2 Uhr führte mich der Zug gen Norden, bei schönem aber bitterkaltem Wetter.

Es verkehrten nur Wagen dritter Klasse auf der Strecke nach Liaoyang. Für mich war ein Wagen dieser Klasse in wohnlichen Zustand gebracht, aber es fehlte eine wichtige Einrichtung darin: ein Ofen. Nie habe ich — d. h. bis dahin — so gefroren wie in der kommenden Nacht. Wir fuhren durch ödes Land, das von hohen Gebirgsketten durchzogen ist. General Fukushima war mir im Auftrage des Feldmarschalls Marquis Oyama entgegengekommen. Am Horizont wurde die Silhouette des Shusanpo (russ. Signalberg) sichtbar, und kurz vor 12 Uhr erblickten wir die hohe Pagode, Liaoyangs Wahrzeichen.

Am Bahnhof ist Empfang. General Prinz Kan-In, der sich mit seiner Kavallerie-Brigade bei Shaho ausgezeichnet hat, mit dem Großkreuz des Roten Adlers geschmückt, empfängt mich, umgeben von vielen Offizieren. Ich besteige

Mein Haus in Liaoyang.

eines seiner Pferde, einen hübschen schlanken Fuchs, und reite mit ihm in mein Quartier, ein im Blockhausstil aufgeführtes russisches Ziegelhäuschen. Prinz Kan-In, ein Vetter des Kaisers, hatte von seinem Herrn den Auftrag bekommen, sich mir während meiner Anwesenheit auf dem Kriegsschauplatz zur Disposition zu stellen. Eine große Liebenswürdigkeit Sr. Majestät; doch würde ich es dem Prinzen nicht verdenken, wenn er mich deswegen zu allen Teufeln gewünscht. Ich hätte es getan, wenn man mir befohlen hätte, in Kriegszeiten mein schönes Kommando niederzulegen, um als Bärenführer einem fremden Prinzen zu dienen.

In Liaoyang richteten wir uns behaglich in unserem Häuschen ein, das durch gute Öfen geheizt werden konnte. Diese mußten gleich in Gebrauch genommen werden, da wir hier in der Mandschurei empfindliche Kälte antrafen. Liaoyang ist eine ziemlich ausgedehnte Stadt, umgeben von einer alten, mit interessanten Tortürmen geschmückten Mauer.

In Liaoyang.

Es herrscht reger Verkehr in den Straßen, doch mit Ausnahme von Pelzen war nichts für uns Europäer zu haben. Den 24. ritten wir nach dem Shusanpo, stiegen unten ab, um zu Fuß steil hinaufzugehen. Dort wurde uns von einem Generalstabsoffizier ein Vortrag über die Schlacht von Liaoyang gehalten.

Der 27. war abwechslungsreicher, denn ich fuhr nach Pentai, um dem Feldmarschall Marquis Oyama meinen Besuch abzustatten. Am Bahnhof hatten sich neben den Generalen Baron Kodama und Fukushima auch Oberstleutnant v. Förster und Major v. Stetten zu meiner Begrüßung eingefunden. Wir bestiegen die bereitstehenden Pferde, und in schlankem Trabe ging es ins Hauptquartier. Im Hofe der nicht sehr geräumigen Fansa empfing mich der

Feldmarschall Marquis Oyama.

Feldmarschall, umgeben von den Offizieren seines Stabes. Der sympathische Führer der IV. Armee, General Graf Nozu, dem man seine 61 Jahre nicht ansah, war auch zugegen. Nachdem der Marschall seiner Freude, mich zu begrüßen, Ausdruck gegeben hatte, hob er hervor, es sei eine große Ehre für die japanische Armee, daß Se. Majestät einen Prinzen seines Hauses zu ihr entsandt hätte, und führte mich in sein Wohngemach, wo ich mit Schaumwein, Tee usw. bewirtet wurde. Der Marschall Oyama ist ein stark gebauter Sechziger mit breitem, intelligentem Gesicht. Am Kinn trug er im Kriege einen weißen Bart. Er macht den Eindruck großer Güte; für einen Japaner ist er groß. Im Äußeren steht in direktem Gegensatz zu ihm sein immer heiterer Generalstabschef Baron Kodama. Dem feinen, von einem graumelierten Barte umrahmten Gesicht sieht man die Arbeit an. Flink in den Bewegungen, ist dieser tüchtige Mann schlank und zierlich gebaut. In seinem Wesen erinnerte er mich an den Kriegsminister Bronsart II. In den schwierigsten Momenten verläßt ihn niemals sein unverwüstlicher Humor. General Graf Nozu (nach dem Feldzug Marquis und Feldmarschall), eine kleine Figur mit hübschem, feinem Gesicht, macht den Eindruck eines Edelmannes. Er genießt in der Armee den Ruf eines alten Haudegens, dem man als Generalstabschef seinen besonnenen Schwiegersohn General Uéhara gegeben hatte. Dem General Grafen Nozu bin ich zu großem Dank verpflichtet. Er hat in der Mandschurei, ich kann sagen, väterlich für mich gesorgt, auch er, wie so viele Kriegskameraden, ist gestorben.

Auf die anderen Heerführer werde ich im Laufe der Erzählung zu sprechen kommen.

General-Feldmarschall Marquis Nozu.
Führer der IV. Armee.

Am 28. Oktober empfing ich den Gegenbesuch des Feldmarschalls Oyama.

Man hörte von der ersten Linie her Schießen. Auf dem rechten japanischen Flügel, Armee Kuroki, wurde eine von zwei Bataillonen besetzte Höhe südlich des Shaho den Russen entrissen, wobei diese 100 Mann und 2 Maschinen= gewehre verloren.

Jeden Tag erscholl Kanonendonner, an den man sich aber so gewöhnte, daß man nach einiger Zeit kaum mehr darauf achtete. Mir schien er hauptsächlich von der II. Armee herzurühren.

Am 30. kamen Major v. Etzel und Hauptmann Hoff= mann, um mich zu begrüßen; da sie abends eintrafen, nahmen sie mit Freuden die Gelegenheit wahr, bei mir zum Essen zu bleiben und mit Nagayama und Bronsart in deren gut geheizten Zimmern zu schlafen, wo in aller Eile ein zweites Lager hergerichtet wurde. Den nächsten Morgen nach dem Tee kehrten sie zu ihrer Armee zurück. Es war mir immer eine Freude, die deutschen Offiziere bei mir zu sehen und von der Heimat und allem möglichen anderen à coeur ouvert zu sprechen. Da mein Ehrendienstoberst Nagayama gut deutsch sprach, mußte man im allgemeinen in dem, was man sprach, recht vorsichtig sein. Auch mit Bronsart konnte ich nicht immer offen meine Eindrücke und Beobachtungen aus= tauschen: denn immer war unser „liebenswürdiger" Japaner dabei, der, natürlich ohne es uns merken zu lassen, gehörig die Ohren spitzte!

Am 1. November bekam ich den Besuch des korea= nischen Generals Kwon, der Geschenke des Kaisers von Korea an die japanischen Heerführer zu bringen beauftragt war. Die Konversation ging durch mehrere Dolmetscher, der General sagte seine Worte auf koreanisch seinem Adjutanten, dieser übersetzte es auf japanisch und Nagayama als Dritter teilte es mir auf deutsch mit.

Donnerstag, den 3. November feierten die Armeen den 54. Geburtstag des Kaisers.

Um 10 Uhr legte ich den Chrysanthemum-Orden an, um dem Prinzen Kan-In zu diesem Tage zu gratulieren. Nachmittags nahm ich an einem Essen in einem Zelt und an den Soldatenbelustigungen teil. Man hatte viel aufgewandt. Der Festplatz glich einem Jahrmarkt. Buden, in denen patriotische Stücke gespielt wurden, reihten sich aneinander, und eine große Rolle spielten die Ringkämpfe der Soldaten, welche in dieser Art Sport eine große Gewandtheit besitzen.

Am 4. begab ich mich zur ersten Linie. Wir fuhren eine halbe Stunde in der Bahn nach Yentai, wo am Bahnhof unsere Pferde bereit standen, und ritten darauf durch die öde Gegend, die zunächst flach, dann hügelig ist. Nach längerer Zeit sahen wir das Wahrzeichen von Taku-Tseikua-tun, den Shankaishekisan mit seinen zwei Felshörnern. In Tsei-kua-tun empfing mich im Hofe des für den Prinzen Kan-In und mich ausgesuchten und mit großem Fleiß in wohnlichen Zustand gebrachten Gehöfts Graf Nozu, von seinem Stabe umgeben.

Am 6. war es kalt und unfreundlich, doch hatten wir in unserer Fansa gut geschlafen. Dieselbe enthielt drei Räume. In dem einen schliefen Bronsart, Nagayama und der Feldjäger, in dem anderen ich. Auf dem Kang waren die Feldbetten englischen Modells aufgeschlagen, die sich während des

Feldmarschall Marquis Noju (in der Mitte) mit Prinz Kan-In und Prinz von Hohenzollern.
(Tatu.)

ganzen Feldzuges vortrefflich bewährten. Auf der anderen
Seite der Eingangstür war ein größerer Raum, der unseren
Leuten als Wohnung diente.

Um 9 Uhr kam General Uéhara, um mich abzuholen,
da ich zu den Stellungen des linken Flügels der IV. Armee
reiten wollte.

Graf Nozu hatte es sich nicht nehmen lassen, mich bei
dem Ritte zu begleiten und den linken Flügel (10. Division)
des Generals Kawamura abzureiten. Am Himmel platzten
Schrapnelle, nur daran merkte man, daß sich auf wenige
Kilometer Entfernung zwei große Heere gegenüberlagen.
In Baron Kawamura lernte ich einen noch jugendlichen,
liebenswürdigen, aber nur japanisch sprechenden General
kennen.

Am 7. besuchte ich die Artilleriestellungen des linken
Flügels, die mir von dem vorzüglich französisch sprechenden
General Uchiyama gezeigt wurden. Die Japaner hatten
die südlichen Hänge des Hügels zu einer Art Höhlenstadt
umgewandelt, in der sie sich häuslich eingerichtet hatten.
In diesen Behausungen war es, wie ich mich selbst über=
zeugen konnte, nicht kalt.

Den Nachmittag machte ich einen Spaziergang nach
dem Terra yama. Der Tempel auf diesem Hügel ist recht
hübsch angelegt, war aber in einem sehr verwahrlosten
Zustande.

Auf dem Wege dorthin sah ich deutlich die schrecklichen
Bilder, die ein Krieg mit sich bringt. Die wilden Hunde,
deren es in der Mandschurei Tausende gibt, hatten sich
darangemacht, die Leiber der gefallenen Russen wieder aus=
zuscharren, und fraßen an denselben. Auf Schritt und

Tritt stießen wir auf solche angefressenen entstellten Leichen. Die Bestien, die wir durch Steinwürfe verjagten, liefen hundert Schritt weit von uns fort, um bald darauf ihr ekelhaftes, schreckliches Zerstörungswerk weiter fortzusetzen. Die japanischen Feldgendarmen erhielten später vom Grafen Nozu den Befehl, alle wilden Hunde zu töten.

Da für die nächsten Wochen nichts vom Feinde zu erwarten war, so kehrten wir in unser Winterquartier Liaoyang zurück.

Nordtor von Liaoyang.

General der Infanterie Graf Kodama.

Am 8. kam General Baron Kodama zu mir und hielt mir einen äußerst interessanten Vortrag über die Operationen bis zu meinem Eintreffen auf dem Kriegsschauplatze. Eine große Liebenswürdigkeit vom Generalstabschef der mandschurischen Armeen, der sicherlich nicht viel Zeit übrig hatte. Ich übergehe den Inhalt der Vorträge, da ich nur das berichten will, was ich selbst erlebt habe. Das Frühstück, zu dem der General blieb, verlief sehr lustig, doch mußte ich in den sauren Apfel beißen, daß der General, der ein leidenschaftlicher Raucher ist, mit einer meiner besten Kisten großer Havanas nach Yentai abdampfte. Wer ein edles Kraut so hochschätzt wie ich, sieht es schon im gewöhnlichen Leben ungern, wenn jemand ihm gute Zigarren entwendet, um wieviel mehr also im Kriege. Doch ich gab sie dem freundlichen General willig mit.

Unser Leben in Liaoyang verlief recht einförmig, und jede Nachricht von den Lieben aus der fernen Heimat wurde mit Freuden begrüßt.

Wir traten in eine Periode recht unangenehmen Wetters ein, so daß man lieber im Zimmer blieb als in den furchtbaren Staub hinausging. Eines Abends nun wollte ich doch Luft schnappen und trat, nur von dem Posten vor meinem Häuschen beachtet, in die Dämmerung hinaus. Unser getreuer Nagayama war in großer Aufregung, mich nirgends zu finden, weil er fürchtete, ich würde im Dunkeln nicht erkannt und angehalten werden. Aber alles ging gut, nur einmal brauchte ich „deutsch denka" zu sagen, worauf ich sofort durchgelassen wurde.

Am 23. November wurde das Einerlei unterbrochen durch den Besuch des alten Grafen Inouye, eines Mitgliedes des Rates der Alten. Er hatte sich nicht gescheut, trotz seiner 71 Jahre die unbequeme Reise nach dem Kriegsschauplatze zu unternehmen. Der 26. November brachte uns 15 Grad Kälte, und nachmittags kam General Kamio mit anderen Offizieren und erwärmte sich bei mir am Tee.

Der Monat Dezember fing für mich schlecht an, da ich durch ein Telegramm meiner Frau erfuhr, daß der jüngste Bruder meines Vaters, Prinz Friedrich von Hohenzollern, 61 Jahre alt, gestorben sei. Ganz abgesehen von der Trauer um den teueren Verstorbenen, beschäftigte mich in der weiten, weiten Ferne die Art seines Todes. Wenn man plötzlich ein Telegramm mit der Todesnachricht eines lieben Familiengliedes bekommt, das man in bester Gesundheit wähnt, so zerbricht man sich den Kopf, wie so etwas möglich sei. Ich mußte mir sagen, daß ich frühestens in $1^{1}/_{2}$ Monaten genauere Nachrichten bekommen könnte, also so lange in der Ungewißheit bleiben müßte.

Am 6. erhielten wir die aufregende Nachricht, daß bei Port Arthur der hohe Berg, 203 m Höhe, von den Japanern genommen worden war. Das bedeutete einen großen Schritt vorwärts. Der 203 m-Berg beherrscht den ganzen Raum, Port Arthur und den Hafen. Sobald die Japaner Geschütze auf die eroberte Höhe brachten, konnten die bisher nur durch indirektes Feuer beunruhigten russischen Kriegsschiffe unter direktes Feuer genommen werden.

Der Sturm hatte den Japanern furchtbare Verluste gebracht. Aber im Kriege darf man sich nicht vor Verlusten fürchten, wenn man einen Erfolg erringen will.

Am 12. kam auf der Rückreise von Port Arthur General Kodama zu mir und frühstückte bei mir.

Er sprach von den Strapazen, welche die Truppen Noghis vor Port Arthur auszuhalten hätten, und von den blutigen Verlusten. Der Angriff auf die Höhe 203 sei sehr schwer gewesen. Derselbe habe von 10 Uhr morgens bis 2 Uhr gedauert. Immer wieder wogte das Kriegsglück hin und her, bis nach Niederkämpfung der russischen Artillerie um 2 Uhr die Japaner sich endgültig auf der Höhe festsetzten. Sofort nach Heraufführen von Artillerie wurden die Kriegsschiffe unter Feuer genommen. Nach dem Fall von Port Arthur war ich auf der 203 m-Höhe. Der Gipfel war mit Granatsplittern buchstäblich bedeckt, und auf Schritt und Tritt stieß man auf erstarrte Leichname, die einen mit entsetztem Ausdruck anzustarren schienen.

Der Fall von Port Arthur war meiner Ansicht nach für Kuropatkin der gegebene Moment zum Ergreifen der energischsten Offensive. Noghi konnte nicht vor einer Woche auf dem nördlichen Kriegsschauplatze konzentriert sein. Die Entfernung zwischen Mukden und Port Arthur beträgt rund 600 km. Für den Transport der III. Armee stand für diese lange Strecke nur eine eingleisige Bahn zur Verfügung. In diesem Augenblicke hätten die Russen bei energischem, rücksichtslosem Vorgehen entschieden einen Erfolg gehabt. Wie weittragend er gewesen wäre, möchte ich hier nicht entscheiden. Welchen Eindruck hätte ein solcher Erfolg auf die niedergedrückte Stimmung der Truppe gehabt! Durch die Handlungsweise des A.O.K. mußte der russische Soldat das Vertrauen zur Führung, den Glauben an sich verlieren.

Vor dem endgültigen Falle von Port Arthur wird der Feldmarschall unter keiner Bedingung die Offensive wieder ergreifen. General Kodama sagte mir einmal: Port

Arthur muß spätestens am 1. Januar fallen. Nach der Beobachtung der letzten zehn Jahre beginnt der Eisgang auf dem Hun ho in der ersten Hälfte des März. Um diese Zeit müssen also unsere Armeen diesen Fluß überschritten haben. Die Russen haben beträchtliche Verstärkungen erhalten, zur Wiederaufnahme der Offensive müssen wir die Armee Noghi erwarten. Von der Formierung einer fünften Armee sagte er mir noch nichts. Diese erfuhr ich durch Zufall. Anscheinend ganz harmlos fragte ich bei einem Ritt nach Tsei kua tun den General Uéhara: „Mais dites-moi donc, Excellence, où est le général Uchiyama?" worauf der General mir antwortete: „Le général est nommé chef d'état-major de l'armée Kawamura." Ich wußte, daß Baron Kawamura nach seiner Beförderung zum General der Infanterie die 10. Division abgegeben hatte und durch Generalleutnant Ando ersetzt war; es war mir wichtig zu erfahren, daß eine fünfte Armee gebildet wurde. Auf die Zusammensetzung der Armeen zum großen Ringen von Mukden werde ich später kommen.

Die Japaner, die im großen und ganzen den Gegner sehr richtig einschätzten, hatten aber doch, wie sich herausstellte, eine zu hohe Meinung von dem Unternehmungsgeist der starken russischen Kavallerie. Es wurde befürchtet, daß bei dem gut gangbaren Zustand der zugefrorenen Flüsse die russische Kavallerie einen Überfall auf das mit reichen Magazinen ausgestattete Liaoyang unternehmen würde.

Zu diesem Zwecke wurden die Arbeitssoldaten dort eifrig im Schießen und Zielen gedrillt. Wir warteten mit Spannung, daß sich etwas ereignen möchte, doch wir mußten uns mit dem Warten begnügen. Es gab immerhin Arbeit genug; denn ich mußte stets, wenn Neues oder Interessantes vorfiel und mitgeteilt wurde, meine Berichte an Seine Majestät abfassen, welche durch den Feldjäger nach Tokio gebracht wurden. Ich stand nicht unter der sehr scharfen japanischen Zensur, da ich direkter Abgesandter Sr. Majestät war.

Am 22. Dezember erscholl kurze Zeit sehr heftiger Kanonendonner.

Vom 23. an weilten unsere Gedanken recht wehmütig in der Ferne. Ich wußte meine Frau und Kinder in Sigmaringen mit meinen Eltern vereint. Mein Vater stand im 70. Lebensjahre, und wir hatten ihm versprochen, in diesem Jahre in Sigmaringen um den Weihnachtsbaum versammelt zu sein.

Wir gingen in den Kuropatkinsgarten, um aus der Krone einer mageren Kiefer ein Weihnachtsbäumchen zu schneiden. Ich hatte die anderen deutschen Offiziere, Oberstleutnant v. Förster, Major v. Etzel, den bayerischen Major v. Stetten und Hauptmann Hoffmann, gebeten, bei mir nach deutscher Weise Weihnachten zu feiern, und hatte für jeden meine in Tokio aufgenommene Photographie und eine halbe russische Granate bestimmt, die in einen Aschbecher umgewandelt war und auf die ich „Liaoyang 24./12. 04" hatte eingravieren lassen. In meinem Zimmer war der Tisch gedeckt. Der Baum war mit Silberflittern und Kerzen aus Tokio geschmückt. Ein Grammophon, das mir der Kapitän der „Alwa Maru" geborgt hatte, spielte „Stille Nacht", was uns dort in der Mandschurei einen großen Eindruck machte.

Wir blieben bis spät in die Nacht zusammen. Am nächsten Tage zwischen 2 und 3 Uhr begaben sich die Herren nach verschiedenen Seiten zu ihren Armeen zurück.

Unser Weihnachtsbaum.

Am 26. vereinigte uns ein sehr lustiges Diner abends beim Feldmarschall Oyama; während desselben konzertierte eine sehr gute Militärmusik. Den nächsten Tag holte mich der Feldmarschall zu einem „bewaffneten Spaziergang" ab, bei dem einige Vögel geschossen wurden. Nach dieser Pseudojagd dejeunierte der Marschall bei mir und kehrte den nächsten Morgen nach Yentai zurück.

In der ersten Linie sind keine Veränderungen vorgekommen.

Am Silvesterabend zündeten wir noch einmal den Baum an und dachten daran, was uns wohl das Jahr 1905 bringen würde! Hätte ich ahnen können, was mir das Jahr furchtbar Schweres bringen würde! Besonders aber schweiften unsere Gedanken in die Ferne, in die Heimat. Der Dezember war ein recht kalter Monat, ich habe mir die mittlere Temperatur mit $-11\frac{1}{2}°$ R. ausgerechnet; wir hatten einmal -22 und zweimal -20 Grad.

Am 1. Januar ging es bei mir wie in einem Taubenschlage zu. Den ganzen Tag über wurden Karten ab-

gegeben. Prinz Kan-In und ich machten uns Neujahrs-
besuche. Ich fragte mich wieder einmal, warum man
eigentlich Neujahr feiert. Das Leben ist um ein Jahr
verkürzt worden, und man ist im unklaren darüber, was das
kommende Jahr bringt. Mir machen die Neujahrsfeierlich-
keiten den Eindruck eines gewissen Galgenhumors! Um
11½ Uhr erhob sich bei — 6 Grad ein Staubsturm, wie man
ihn sich nicht unangenehmer in der Wüste denken könnte,
und wir mußten alle Ritzen an den Fenstern verkleben,
damit der Staub nicht in unsere Zimmer drang.

Abends erfuhr ich durch ein Telegramm aus Yentai,
daß General Stößel beantragt habe, die Festung zu übergeben. Sofort setzte
ich ein Telegramm
an Se. Majestät
auf, um ihm diese
große Nachricht
zu melden.

Am 2. begab
ich mich nach Chien
Chiao chia putze,
um mir die Kamel-
kolonne der II. Ar-
mee anzusehen.
Beim dortigen
Etappenkomman-
deur fand ein hei-
teres Frühstück
statt, bei dem ich
das Wohl des

Kamelkolonne der II. Armee.

tapferen Führers der III. Armee, Barons Kiten Noghi, ausbrachte, aber auch auf den unglücklichen Verteidiger, General Stöffel, trank, was von den Japanern mit großem Enthusiasmus aufgenommen wurde.

Baron Noghi wie auch Stöffel sind von Sr. Majestät mit dem Pour le mérite ausgezeichnet worden. Ersteres hat bei der japanischen Armee einen sehr großen Eindruck gemacht.

Wir rüsteten uns nun zum Besuch von Port Arthur und kamen am 17. Januar in Dalny an, wo Empfang durch die Militärbehörden stattfand. Gleich darauf machte mir General der Infanterie Baron Nishi einen Besuch, den ich umgehend erwiderte. Um 7 Uhr vereinigten wir uns zu einem Diner bei ihm, es waren noch sein Stabschef General Kamio und einige Offiziere der Garnison zugegen.

Vorläufig hieß es in Dalny noch warten; denn es war uns gesagt worden, es sei noch zuviel Gesindel in Port Arthur, für dessen Haltung man nicht einstehen könnte, außerdem sei noch keine passende Wohnung gefunden! Wir konnten wenigstens am 19. nach Shukatun, dem Hauptquartier der III. Armee vor Port Arthur. Am Bahnhof empfing mich Baron Noghi in der Felduniform der Generale, schwarz verschnürtem Rock, weißen Hosen und hohen Stiefeln; er war von den Herren seines Stabes umgeben. Der General machte auf mich in seiner echt soldatischen Erscheinung einen sehr sympathischen Eindruck. General Noghi ist für einen Japaner groß, sein mageres, energisches Gesicht, das nicht den bei uns bekannten japanischen Typus hat, ist von einem starken, kurzgehaltenen weißen Bart umrahmt. Ich sprach ihm mein Beileid zum Tode seiner beiden

Der Eroberer Port Arthurs General der Infanterie Graf Noghi.
Geschmückt mit dem Orden Pour le mérite.

Söhne aus. Den Verlust fühlte der General ebensogut, wie wir im gleichen Falle es täten, doch empfand er es als große Ehre für sein Haus, daß seine Söhne für das Vaterland gefallen seien, zugleich wiederholte ich meinen ihm schon telegraphisch zugegangenen Glückwunsch zum pour le mérite. Der General schob diese Ehrung auf seine tapfere Armee.

In General Iditti, dem Stabschef der III. Armee, lernte ich einen feinen, ausgezeichnet deutsch sprechenden Mann kennen.

Bei der Hinfahrt nach Shukatun sieht man rechter Hand die See, aus der kleine Inseln auftauchen, linker Hand hat man schöne, scharfgeschnittene Berge.

Am nächsten Tag empfing ich den Besuch des Baron Noghi.

Endlich am 21. brachen wir endgültig nach Port Arthur auf.

Die Eisenbahn führt, wie schon gesagt, am Fuße steiler Berge entlang. Reste von japanischen und russischen Stellungen waren an langen Drahthindernissen und Schützengräben erkennbar. Langsam stieg der Zug aufwärts und etwas schneller abwärts in eine weite Ebene hinab bis an die vorläufige Endstation Tschu Kiatun, bis zu der die Eisenbahn für den japanischen Betrieb umgeändert war.

Am Bahnhofe lagerten Hunderte von russischen Gefangenen aller Truppenteile; auch waren große Massen von Kriegsgerät dort aufgestapelt. Feldbahnen führten nach verschiedenen Richtungen in die Stellungen vor Port Arthur, um alles Entbehrliche bis an den Bahnhof zu schaffen. Mehrere Troikas, die von russischen Kutschern geführt

Auf dem Kriegsschauplatz.

General Prinz Kan-In.

wurden, erwarteten uns. Wir fuhren durch eine weite Ebene; am Horizont türmten sich hohe Berge auf, wie eine kahle Mauer; diese erweiterte sich zu einem engen Tale, in das wir hineinfuhren. Wir spähten nach russischen Stellungen, jedoch fanden wir hier keine, da die Russen sich bald auf die Hauptstellung von Port Arthur zurückzogen. Lange Kolonnen japanischer Truppen begegneten uns, die Reste der III. Armee auf dem Marsche nach Norden zur Hauptentscheidung.

Da, wo die Straße westlich der Wolfsberge ihren höchsten Punkt erreicht, stiegen wir aus und erkletterten eine mit Geschoßsplittern bedeckte niedrige Anhöhe. Hier stand die schwere Artillerie der Japaner.

Am Horizont stieg die gezackte Kette des Laotishan auf. Zwischen ihm und unserem Standpunkte lag Port Arthur.

Ausblick auf Port Arthur.

Von der Stadt war nichts zu sehen, vom Hafen nur eine schmale Wasserfläche.

Das Auge mußte sich erst an das Gewirr von Kuppen gewöhnen, bis es diese einzeln unterscheiden und auf ihnen die russischen Befestigungen erkennen konnte.

Vor uns hatten wir das Dorf Shui thi yin, östlich davon das kleine Fort Kuropatkin, südwestlich des Dorfes die vier Infanteriewerke, deren endgültige Wegnahme den Japanern Schwierigkeiten machte. Wenn man bedenkt, daß das kleine Fort und die schwachen Erdwerke direkt vor der starken Nordfront der Festung lagen und von dort unter sehr wirksames Feuer genommen werden konnten, so wird man begreifen, daß es den Japanern erst gelang, sich in ihnen festzusetzen, als die russische Verteidigungsartillerie niedergekämpft war.

Die ersten Höhenzüge waren abgeflacht, dahinter schoben sich höhere, mit Batterien und Infanteriewerken gekrönte Hügel. Von dort aus konnten die Russen wirksam in den sich um die Forts entspinnenden Kampf der vorderen Linie eingreifen und der starken Befestigung erhöhte Stärke verleihen. Die Annäherungswege mußten von den Japanern in den Fels gesprengt werden, was sehr große Schwierigkeiten verursachte. Weiter im Südwesten stieg aus dem Kuppengewirr die steile 203 m-Höhe auf, die soviel Blut gefordert hatte.

Wir fuhren nun bis ins Dorf Shui thi yin, wo wir in dem während der Übergabeverhandlungen von den Generalen Noghi und Stößel benutzten Hause kurze Rast machten und mir der Eroberer des 203 m-Hügels Generalleutnant Matsumura vorgestellt wurde.

Unser nächstes Ziel war das Fort Lung shu shan (russ. Stützpunkt 3).

Der Nord- und Westrand der Höhe zeigte tiefe Wasserrisse und tote Winkel, die von den Angreifern sehr geschickt ausgenutzt wurden.

Als wir das Glacis des Forts erstiegen, sahen wir die Wirkung der japanischen Artillerie.

Generalleutnant Matsumura, Eroberer der 203 m-Höhe.

Der Boden war dicht mit Geschoßsplittern besät, die Trichter, welche von dem Aufschlagen der schweren Geschosse herstammten, lagen dicht nebeneinander.

Der Abstieg vom Glacis in den Graben wurde durch die herabgerutschten Schuttmassen erleichtert; die frühere senkrechte äußere Grabenwand war an vielen Stellen durch Sprengung abgeflacht, die Grabensohle halb verschüttet. Aus dem Schutt ragten Köpfe, Arme, Beine heraus, und beim Vorwärtsschreiten fühlte man sich ab und zu von einer erstarrten Hand zurückgehalten, wenn der Mantel sie zufällig streifte.

Das Innere des Forts bot ein Bild völliger Zerstörung. Die Japaner hatten bekanntlich auch den Innenraum in die Luft gesprengt, um es endgültig in ihren Besitz zu bringen; denn die Stürme, die auf das eigentliche Fort unternommen wurden, scheiterten an dem Maschinengewehrfeuer der Russen aus den starken Hohlbauten. Angreifer und Verteidiger verdienen bei diesen Kämpfen die vollste Bewunderung.

Wir bestiegen später eine südwestlich des Forts gelegene Batteriestellung, die durch einen Schützengraben verstärkt war. Der Schützengraben war mannstief und durch eine Brustwehr aus Säcken gedeckt. Die Armierung der Batterien bestand aus langen 10,5 cm-Kanonen älteren Modells und einigen kleinkalibrigen Marineschnellfeuergeschützen, die stark zerschossen waren. Ein Teil der Geschütze schien noch kampffähig. Große Mengen von Munition lagen umher.

Die rückwärtigen Befestigungen der zweiten Verteidigungsstellung und der Stadtumwallung hatten einen recht

zweifelhaften Wert. Ihre einzige Stärke lag in ihrer natür=
lichen Lage auf steilen Höhen, die eine hinter der anderen
folgend. Dies begünstigte eine abschnittsweise Verteidigung
in hohem Maße.

Als wir in die Stadt einfuhren, war ich erstaunt über
den geringen Grad der Zerstörung.

Auf dem Wege nach unserem Quartier, dem stattlich
mit Terrassenanlagen und Loggien gebauten Hause des Ge=
nerals Fock, sahen wir zwei sogenannte barmherzige
Schwestern, die sehr hübsch waren und uns Kußhände zu=
warfen. Es waren Damen zweifelhaften Rufes, die sich
mit der Roten-Kreuz-Binde am Arm unter den Schutz der
Japaner stellen wollten. Sie kamen hierbei nicht auf ihre
Rechnung, da die Sieger, sobald sie das Gewerbe dieser
Damen erkannt hatten, sie sofort an den französischen Konsul
in Tschifu abschoben.

Von meinen Fenstern hatte ich den Blick auf den Hafen mit
den gesunkenen russischen Kriegsschiffen „Pallada" und „Pob=
jeda". Am Abend begann ein Vortrag über den Verlauf der
ganzen Belagerung, der sich über mehrere Abende erstreckte.

Am 22. ritten wir durch die alte Chinesenstadt auf
einer recht guten Straße, die sich später in vielen Windungen
den steilen Berg hinzog gegen das Ostfort des Tung ki kuan
shan (russ. Batterie 3). Es liegt auf dem rechten Flügel
der angegriffenen Nordfront.

Das Fort wurde von den Japanern nur beschäftigt und
war mit einer weit sichtbaren Batterie von kurzen 24 cm-
Geschützen armiert, die zwischen Betonwänden gestanden.
Es wurde von den Russen am 2. Januar gesprengt, also
nachdem Stössel die Kapitulation angetragen hatte.

In den Forts.

Als wir den steilen Hang herunterkletterten, um schneller zum Nordfort Tung ki kuan shan zu gelangen, rief uns ein japanischer Posten an und warnte vor den russischen Flladderminen, die den Abhang bedeckten. Wir mußten daher einen Umweg machen.

Von Interesse ist es, mit welcher Energie die Japaner daran gingen, das Fort zu nehmen. Sie befanden sich seit dem 24. August im Besitz der 600 bis 900 m entfernten Pan lung shan-Reduten. Obgleich sie unmittelbar unter dem Feuer zahlreicher russischer Batterien lagen, wurden doch von den Japanern 15 cm-Mörser hineingebracht.

Diese Geschütze mußten auseinandergenommen durch lange Laufgräben bis dicht vor die russische Verteidigungslinie herangeschleppt werden. All diese Arbeit, im feindlichen Feuer ausgeführt, muß als eine großartige Leistung angesehen werden.

Das dritte Fort, das wir besuchten, war der Er lung shan. Seine Stärke bestand hauptsächlich in den Felswänden, die den schwersten Kalibern Widerstand leisteten. Bei allen diesen Forts war eine starke Verteidigungsartillerie aufgestellt, demzufolge fielen Infanterie- und Artilleriestellung zusammen. Auch Fort Er lung shan war gesprengt worden.

In der Nähe des genannten Forts, etwa 400 m südöstlich davon, lag die sogenannte „unsichtbare Batterie". Sie lag sehr verdeckt und war während der ganzen Belagerung von den Japanern nicht genau festgestellt worden. Als wir die mit 24 cm-Mörsern armierte Batterie betraten, war ein Rohr von der Lafette geworfen und ein anderes durch Zerstörung der Lafette kampfunfähig gemacht; es werden also wohl einige japanische Treffer

Auf dem Wege nach Er lung shan.

hereingekommen sein. Die behelfsmäßig angelegten Batterien waren untereinander und mit den Forts durch Laufgräben verbunden. Das Vorgelände war mit Fladderminen bedeckt.

Der Nachmittag war einer Besichtigung des Goldenen Berges und der Hafenanlagen gewidmet. In einem Dock lag ganz unter Wasser der Hilfskreuzer „Amur".

Auf den „Goldenen Berg" führte eine vielfach gewundene gute Straße. Der Gipfel des Berges ist abgeplattet und betoniert. Zwischen dicken Betonmauern standen sechs kurze 28 cm-Kanonen. Am Südosthange des Berges befand sich eine Batterie langer 24 cm-Kanonen zur Nahverteidigung der Hafeneinfahrt.

Die Hafeneinfahrt ist sehr eng und konnte wegen der davor liegenden Riffe von großen Schiffen nur bei Flut passiert werden.

Besichtigung von Golden Hill.

Quer über der Fahrtrinne ragten die Masten und Schornsteine der versenkten Sperrschiffe aus den Fluten.

Vom Golden Hill hat man einen weiten Blick. Nach Norden breitet sich die Stadt aus, im Nordwesten gewahrt man die charakteristische zweigipflige 203 m-Höhe, und zu Füßen im Hafen die halb versunkenen Eisenrümpfe der russischen Schiffe. Über die gebirgige Zunge der Tigerschwanzhalbinsel erblickt das Auge den rauhen Felsstock des Lao ti shan.

General Stössel hat wohl etwas zuviel Worte gemacht, wenn er sagte, daß er dort mit seinen Braven sterben wollte!

Es hätte den Japanern noch manchen Blutstropfen gekostet, wenn sich die Russen dorthin zurückgezogen hätten, und was noch wichtiger war, die III. Armee wäre wohl kaum rechtzeitig zur Entscheidungsschlacht von Mukden zur Stelle gewesen; hatten doch die Japaner an einen Durchbruchsversuch der Russen auf jenem Weg gedacht und Vorkehrungen zur Abwehr getroffen.

Es erwartete uns noch ein eigenartig schreckliches Schauspiel auf dem Goldenen Berg. Etwa 300 m vom Strande entfernt, waren drei japanische Dampfkutter damit beschäftigt, die noch verstreuten russischen Seeminen unschädlich zu machen. Plötzlich erscholl ein scharfer Knall auf der See. In den hochaufspritzenden Wellen versank ein Boot. Wir glaubten einige schwarze Punkte, vielleicht schwimmende Menschen, im Wasser zu erkennen. Durch die Signalstation ließen wir bei den anderen Booten anfragen, was geschehen sei, und erhielten die Antwort, daß soeben ein Boot mit 13 Mann auf eine Mine geraten wäre und diese einen grauenvollen Tod gefunden hätten.

Am 23. wehte ein scharfer, unangenehmer Wind, und der Besuch der Nordwestfront und der Höhe 203 war daher nichts weniger wie angenehm.

Im offenen Wagen fuhren wir zunächst — ich mit dem deutsch sprechenden Oberst Sato — durch die Neustadt, deren Fassaden sich durch große Geschmacklosigkeit auszeichneten, zur Besichtigung der Nordwestfront.

Durch ein enges Tal ging nun unser Weg, durch noch ganz unvollendete Festungswerke. Die schroffen Wände der Talabstürze waren mit japanischen Geschoßsplittern jeden Kalibers übersät. Wir besuchten den J tsu shan und Klein An tsu shan und wandten uns dann der 203 m-Höhe zu. Am Fuße des Berges verließen wir die Wagen und stiegen sehr steil die fast 700 Fuß auf künstlich in den Felsen gehauenem Pfad hinauf. Es war schwierig, die mit Felstrümmern und Granatsplittern bedeckten Schutthalden direkt zu erklimmen; denn bei dem starken Sturme mußte man auch die Hände gebrauchen, um sich anzuklammern, und man faßte abwechselnd an Fels und erstarrte Leichen! Ein schreckliches Bild. Eine Schlucht war mit den Leichen gefallener Soldaten angefüllt, die, wohl vom Blutverlust geschwächt, hier durch Absturz ihren Tod gefunden hatten, bevor sie die ärztliche Hilfe in Anspruch nehmen konnten.

Auf dem Gipfel herrschte ein so starker Sturm, daß wir uns mit Mühe auf den Beinen halten konnten. Der Berg stürzt auf der Angriffsseite der Japaner in Wänden von bis zu 50% Neigung ab. Aus dem Tale führten tief in den Felsboden gearbeitete Annäherungswege an den Fuß und dann auch den Berg hinauf bis an die russische

Infanteriestellung. Die Russen benutzten hier sehr viel die Handgranaten, deren wir noch viele auf dem Gipfel fanden. Es wurde von beiden Seiten erbittert um den Besitz des Berges gekämpft, denn beide Teile wußten den Wert des Punktes richtig einzuschätzen. Beiden Gegnern muß man unverhohlen die vollste Anerkennung zollen. Sobald die Japaner sich endgültig in den Besitz der Höhe gesetzt hatten, waren ihnen auch die russischen Schiffe geliefert, denn ganz Port Arthur und der Hafen liegen einem von dort zu Füßen. Ich fragte mich, wie es geschehen konnte, daß die Japaner sich endgültig auf diesem Berge festsetzen konnten, der doch den 28 cm=Mörsern des Golden Hill ein ausgezeichnetes Ziel bot!

Am Nachmittag empfing ich mehrere Deutsche, die viele Wünsche hatten, in der Art, daß sie für ihr Geschäft fürchteten, doch wies ich sie mit ihren Wünschen an den Gesandten Grafen Arco nach Tokio.

Später besuchte mich General Oshima, der Kommandeur der 9. Division.

Am 24. wehte derselbe eisige Sturm. Es war so hoher Seegang im Hafen, daß wir nicht an der Tigerschwanz=halbinsel landen konnten und uns begnügen mußten, mit unserer schwankenden Dampfpinasse „Pereswiet", „Retwisan", „Pallada" und „Pobieda" zu umkreisen.

Nachmittags besuchte ich eines der russischen Lazarette. Ich wurde dort von hohen russischen und japanischen Ärzten empfangen, die gut Deutsch sprachen. Das Lazarett war doppelt überlegt, denn es beherbergte 1200 Verwundete und Kranke. Viele Verwundete lagen in den Gängen nur in wollene Decken gehüllt auf hartem Steinboden! Viele der

russischen Offiziere sprachen deutsch oder französisch; ein
rekonvaleszenter, mit dem Wladimir-Orden geschmückter Oberst
erzählte mir, er sei zehnmal verwundet worden. Einen
trübseligen Eindruck machte das Lazarett der an Skorbut
erkrankten Leute. Der Tod sah den armen Menschen aus
den Augen, bei denen kein Trostwort mehr half. Teilnahm-
los sahen sie uns an, um zurücksinkend noch einen Blick auf
das Heiligenbild an der Wand zu heften und dann den
Tod, den Erlöser von ihren Leiden, herbeizuwünschen!

Schon in Port Arthur hatte ich vom Norden her
Nachricht erhalten, daß vor der II. Armee, besonders vor
deren linkem Flügel, sich russische Truppenbewegungen be-
merkbar machten. Wir eilten daher nach Dalny zurück, weil
ich dort den Geburtstag Sr. Majestät feiern wollte. Von
Port Arthur nach Dalny beträgt die Entfernung 40 km;
bei dem hohen Schneefall, der seit der Nacht eingetreten
war, gebrauchten wir dazu von 4 bis 9 Uhr, also 5 Stunden!
Am 27. abends gab ich ein Diner, zu dem ich General
der Infanterie Baron Nishi, Prinz Kan-Ju, General
Kamio, Zeremonienmeister Matsui, Oberstleutnant Jos-
tate, Nagayama, einen Adjutanten des Baron Nishi,
Major Nakashima und Grafen Wolfskeel eingeladen hatte.
Am 28. reisten wir ab. Auf den Haltestellen drangen
dunkle Gerüchte zu uns über eine große im Norden ent-
brannte Schlacht. (Es handelte sich um die Schlacht von
Sandepu.)

Es hieß, starke russische Kavallerie sei im Anmarsche
auf Liaoyang, so daß wir von unseren dort zurückgelassenen
Habseligkeiten schon in Gedanken Abschied nahmen. Um
Mitternacht wurden wir durch heftiges Pochen an der

Wagentür geweckt und hörten auf deutsch die Worte rufen: "Nagayama, machen Sie auf!"

Es waren Major v. Etzel und Hauptmann Hoffmann, die mich baten, sie doch in meinem Waggon mit nach Norden zu nehmen. Ihr Zug sei hier angehalten worden; da eine große Schlacht im Gange sei, würde außer Truppen= zügen nur mein Zug durchgelassen.

Gleich nach der bei 22 Grad Kälte erfolgten Ankunft in Liaoyang wurde beim Oberkommando telegraphisch an= gefragt, um was es sich handele. Es wurde erwidert, „daß ein stärkerer russischer Angriff gegen den linken Flügel der II. Armee abgeschlagen worden sei. Im allgemeinen sei die Lage unverändert."

Am Abend wurde das Geschützfeuer schwächer.

In den nächsten Tagen trafen genauere Nachrichten über den Gang des Gefechtes von Sandepu ein. Den ersten Angriff russischer Kräfte hatte mit großem Geschick der Kavalleriegeneral Akiyama abgewehrt. Sein Detache= ment bestand aus einer Kavallerie=Brigade, verstärkt durch Infanterie, Feldartillerie und Maschinengewehre. Wie es in jedem modernen Kriege künftig sich zeigen wird, hatte die Kavallerie hier starken Gebrauch vom Karabiner gemacht. Sandepu war tagelang von abgesessener Kavallerie gegen eine russische Infanterie=Division gehalten worden. Die Russen sagen, sie seien freiwillig zurückgegangen, die Japaner behaupten das Gegenteil; ich glaube, beide haben recht. Einen dauernden Erfolg konnten die Russen sich durch einen solchen Teilangriff nicht sichern. Das Treffen von Sandepu hätte Kuropatkin erneut Gelegenheit geben müssen zu einem Vorstoß auf der ganzen Linie mit allen verfüg=

baren Kräften; denn auch jetzt noch hätte er auf wenigstens einen Erfolg rechnen können. Der Vorstoß der Russen war an den allmählich auf zwei Divisionen angewachsenen japanischen Kräften zum Stehen gekommen, hatte also wenig Aussicht auf Erfolg, besonders da er von den anderen russischen Armeen nicht unterstützt wurde und bereits beträchtliche Teile der III. Armee westlich Liaoyang versammelt standen. Die Schlacht hatte bei Schneesturm und großer Kälte stattgefunden, doch litten die Japaner wenig unter der Unbill der Witterung. In Japan gehen die Leute auch im Winter in leichter Bekleidung, hier hatten sie sehr zweckmäßige Winterkleidung. Die russischen Gefangenen aus der Schlacht von Sandepu klagten sehr über ihre mangelhafte Bekleidung und die schlechte Winterausrüstung.

Von Interesse war es für uns zu erfahren, daß bei den Japanern für die in der Ebene bei Sandepu stattgefundene Schlacht zur Vermeidung stärkerer Verluste ein besonderes Angriffsverfahren vorgeschrieben war. Dies bestand darin, daß die Schützen in kleinen Gruppen mit kurzen schnellen Sprüngen vorgehen sollten.

In Taku wurde am 11. Februar ein großes Fest gegeben. Noch merkte man nichts davon, daß schon in der Woche darauf die Entscheidungsschlacht begann, die den Feldzug beenden sollte.

Am 12. nun ritt ich von der IV. Armee zum Hauptquartier der I. Armee. General Kuroki hatte mich nach Pan la shan tsy zu einem Feste eingeladen. Nach dem Essen, bei dem ich eine Rede auf den General hielt, nachdem dieser mich angeredet hatte, wurde von Soldaten ein patriotisches Stück aufgeführt.

Man sprach nicht von Vorbereitungen für die nächste Schlacht, doch die fieberhafte Tätigkeit, die entwickelt wurde beim Bau schwerer Batterien, die Wahl des Generals Ujiyama zum Stabschef der V. Armee ließen darauf schließen, daß etwas im Gange war.

In diese Zeit fällt eine gute Leistung japanischer Kavallerie, indem sie eine 100 km nördlich Mukden befindliche Eisenbahnbrücke nachhaltig zerstörte.

Schlacht bei Mukden.

Die V. Armee versammelte sich weit südlich des Flügels der I. Armee. Ihr Vormarsch hatte eben erst begonnen, unwegsame Gebirge mußten teils überschritten, teils östlich umgangen werden, so konnte es immer noch einige Zeit dauern, bis auf der ganzen Linie die Offensive begonnen wurde. Wir kehrten daher für einige Tage nach Liaoyang zurück, wo ich den Besuch des Generaladjutanten des Kaisers, Baron Okazawa, und des Adjutanten des Kronprinzen, General Muraki, empfing. Baron Okazawa brachte mir Grüße des Kaisers und Geschenke seines Herrn, die in Zigarren, Zigaretten und Wein bestanden. Die beiden Herren brachten auch Geschenke für die Truppen und sollten sich über die genauere Aufstellung der Armeen unterrichten. Bei einem Diner, das Prinz Kan-In in diesen Tagen gab, sah ich General Kodama, und nie ist er mir so heiter erschienen wie bei dieser Gelegenheit. Er sprühte geradezu von Witz und wußte doch, daß in wenig Tagen das große Ringen um Leben und Tod beginnen würde. Er hatte aber den Willen zum Siegen, und dieser Wille, diese Zuversicht erfüllte alle Heerführer. Das ist das Hauptgeheimnis zum Siege.

Versammlung der V. Armee.

Bei der V. Armee hatten die Vortruppen allmählich Fühlung mit den Russen gewonnen. Daraus konnte man schließen, daß das allgemeine Vorgehen nicht allzulange auf sich warten ließe. Wir harrten mit Spannung von einem Tage zum anderen auf die Nachricht des Vorgehens. Die Koffer standen gepackt, alles Überflüssige war nach Tokio zurückgesandt. Am 26. kam die Nachricht, daß der Kampf auch bei der IV. Armee begonnen habe. Nach den langen Wintermonaten in Liaoyang war diese Nachricht eine Erlösung.

Wir sollten eine große Schlacht mitmachen, das Ringen um Leben und Tod mit ansehen dürfen und zwar unter den glücklichsten Bedingungen, auf seiten der Sieger.

Täglich wurde ich über den Gang des Kampfes genau auf dem laufenden gehalten, und die am Abend bei dem Oberkommando eingelaufenen Nachrichten wurden mir sogleich mitgeteilt. Dies war mir sehr wertvoll, denn bei einem so ausgedehnten Gefechtsfeld, wie das der Schlacht bei Mukden, konnte man nur einen verhältnismäßig kleinen Teil des Schlachtfeldes übersehen. Daß ab und zu falsche Nachrichten einliefen, ist im Laufe eines so gewaltigen Ringens wohl natürlich.

Ich werde nun die Schlacht schildern, soweit ich sie beobachtet habe. Auf dem Ritte von Yen tai nach Tsai tsia tun hörten wir lebhaftes Geschützfeuer und sahen die weißen Wölkchen der platzenden Schrapnells.

Am 28. brachen wir frühzeitig nach dem 5 km entfernten Hsitonshen auf. Durch einen Generalstabsoffizier der IV. Armee wurden wir über die allgemeine Lage unterrichtet. Die Armee des japanischen Zentrums (IV. Armee) sollte zunächst mit der schweren Artillerie die stark befestigte russische Stellung ihr gegenüber niederkämpfen.

Ein offensiver Angriff war vorläufig nicht beabsichtigt; das Vorschreiten der Armeen auf beiden Flügeln mußte von selbst die Aufgabe der IV. Armee erleichtern.

Der Kampf an diesem Tage wurde hauptsächlich von der Artillerie und nicht sehr heftig geführt.

Die Zusammensetzung der Armee war folgende vom linken Flügel aus:

III. Armee.
General der Infanterie: Baron Kiten Noghi.
Stabschef: Generalmajor Matsunaga.
1. Division: Generalleutnant Ida.
7. Division: Generalleutnant Oseko.
9. Division: Generalleutnant Baron Oshima (Hisiano).

II. Armee.
General der Infanterie: Baron Oku.
Chef des Stabes: Generalmajor Oseko.
3. Division: Generalleutnant Baron Oshima (Yoshimara) später aus der Armeereserve zugeteilt.
4. Division: Generalleutnant Baron Tsukamoto.
5. Division: Generalleutnant Kigoshi.
8. Division: Generalleutnant Tatsumi.

IV. Armee.
General der Infanterie: Graf Nozu.*)
Chef des Stabes: Generalmajor Uéhara.
6. Division: Generalleutnant Okubo.
10. Division: Generalleutnant Ando.

*) Nach dem Kriege zum General-Feldmarschall befördert.

Zusammensetzung der Armee.

Reserve-Division: Generalmajor Okubo und der Hauptteil der schweren Artillerie.

I. Armee.

General der Infanterie Baron Kuroki.
Chef des Stabes: Generalmajor Fuji.
Garde-Division: Generalleutnant Baron Asada.
 2. Division: Generalleutnant Nishijima.
12. Division: Generalleutnant Inouyé.
Landwehr-Brigade.*)

V. Armee.

General der Infanterie: Baron Kawamura.
Chef des Stabes: Generalmajor Ujiyama.
11. Division: Generalleutnant Shamesima.
3 Landwehr-Divisionen.
Detachement des äußersten linken Flügels.
2 Kavalleriebrigaden. 1 Batterie und etwas Infanterie unter Befehl des Generalmajors Akiyama.

Auch am 1. März war unser Standpunkt der Hsikuoshan. Schon beim Hinreiten hörten wir den Donner sehr schwerer Geschütze. Die Japaner eröffneten das Feuer aus den 28 cm-Haubitzen und richteten es auf die spitze Nowgorodkuppe. Jeder Schuß war ganz genau zu beobachten, die Granaten warfen beim Aufschlagen und Krepieren eine hohe Rauch- und Staubsäule auf. Diese Geschosse waren mit brisanter Ladung gefüllt. Die gesamte schwere Artillerie der IV. Armee war, unterstützt durch die Feld- artillerie, in Tätigkeit. Die russischen Batterien waren an dem aufblitzenden Mündungsfeuer deutlich erkennbar. Außer

---

*) Landwehr-Regiment = 2 Bataillone.

den 28 cm-Haubitzen der IV. Armee schienen uns auch zwei
westlich des Sha ho-Bahnhofes stehende 28 cm-Haubitzen
der II. Armee mit an der Beschießung der Nowgorod- und
Putilowhügels teilzunehmen. Die Russen schossen größten-
teils Geschützsalven, während das Feuer der Japaner den
ganzen Tag über ein scharf gezieltes war. Später ritten
wir $1^1/_2$ km weiter vor auf den Momidji Yama. Dort
befand sich ein splittersicherer Artilleriebeobachtungsstand und
daneben eine durch Drähte senkrecht gestellte 10 m hohe
Leiter, die einem Artillerieoffizier als Beobachtungsposten
diente.

Ich beneidete den Herrn auf seinem luftigen Sitz nicht,
denn der Momidji Yama wurde von den Russen ziemlich
stark mit Schrapnells beschossen, doch platzten diese zum
großen Teil zu hoch.

Im Laufe des Tages war von den Truppen der
IV. Armee ein Abmarsch russischer Truppen auf Pai ta pu
festgestellt worden, indessen schätzte man den Gegner vor der
IV. Armee immer noch auf 3 bis 4 Divisionen.

Bei der IV. Armee waren an diesem Tage die Verluste
sehr gering.

2. März. Die IV. Armee hatte die Absicht, die Russen
in ihren Stellungen festzuhalten, und daher wurde befohlen,
näher an die Stellungen heranzugehen, ohne aber zum Sturm
zu schreiten. Die 10. Division sollte mit der rechten Flügel-
Brigade gegen Linie Fan schön—Liu tsien tun demonstrieren,
die linke Flügel-Brigade in Gemeinschaft mit der Reserve-
Division gegen die starke Stellung Putilow—Nowgorodhügel
vorgehen, während die 6. Division mit dem rechten Flügel
Sha ho pu angreifen, mit dem linken die Orte La mu tun

und Liu schi pu halten sollte. Man schätzte die russischen Kräfte hinter dem Nowgorodhügel auf ein Armeekorps.

Das Hauptquartier der IV. Armee siedelte nach Tschien, wir ins Nebendorf Niu kuan. Man hatte in meinem Zimmer einen kleinen eisernen Ofen aufgestellt, aber

Mein Quartier in Niu kuan.

man konnte in der Kürze der Zeit natürlich keine Reinigung des Gehöfts vornehmen; von den Decken hingen lange schwarze Spinngewebe herunter, die sich beim geringsten Luftzuge hin- und herbewegten. Die Wände waren mit einer dicken schwarzen Schmutzkruste überzogen. Bei der Kälte, die herrschte, blieben wir im Mantel und Pelzstiefeln, auch im Zimmer; in dicken chinesischen Filzschuhen nahmen wir unsere Mahlzeiten ein. Der Pelz wurde überhaupt nicht mehr abgelegt.

Der Besitzer des Gehöfts war ein schmutziger alter Chinese, der sich mancherlei Diebstähle während unserer Anwesenheit schuldig machte.

In der Nacht vom 1. zum 2. März herrschte bis Mitternacht völlige Ruhe, dann aber wurden wir durch sehr heftiges

Infanteriefeuer geweckt, das vom rechten Flügel der IV. Armee herüberscholl. Bald kam das Infanteriefeuer uns näher und erstreckte sich allmählich über die ganze Front, auch mischte sich bald nach Tagesanbruch der Donner der schweren Geschütze in das Konzert. In der Nacht zum 2. März hatte sich die 10. Division den Besitz der befohlenen Stellung erkämpft. Auch im Laufe des Vormittags hatten der linke Flügel und die Reserve-Division die flachen Höhen von Siau tun kou und Hou ta lin tsy genommen. Ihr Vorgehen wurde von der gesamten schweren und Feldartillerie unterstützt.

Vom Momidji Yama konnte man das Gelände, in dem der Kampf tobte, ziemlich genau übersehen, wenn auch die Geländefalten manches verdeckten. Die ganze Luft war infolge des Geschütz- und Infanteriefeuers wie mit einer Nebelschicht angefüllt. Gegen Mittag trat höchst unangenehmes Schneetreiben ein, das die Luft noch unsichtiger machte. Während dieser Zeit bemerkte man ein Nachlassen des japanischen Artilleriefeuers. Die Infanterie dagegen benutzte die Unsichtigkeit des Wetters, um sich näher an die russischen Stellungen heranzuarbeiten. Bei der Artillerie wurde Munition ersetzt, während das Feuer der russischen Batterien sich verstärkte.

In den Nachmittagsstunden, ich glaube es war 3 Uhr, hörte das Schneetreiben auf. Nun setzte auch die japanische Artillerie mit erneuter Kraft wieder ein. Man konnte durchschnittlich 20 bis 30 Schrapnells und 2 bis 3 schwere Granaten in der Minute platzen sehen. Das Feuer der schweren Geschütze richtete sich hauptsächlich gegen den Nowgorodhügel; das russische Feuer aus dieser Gegend wurde allmählich schwächer, um so heftiger schossen die russischen Batterien von Sha ho tun, gegen die sich nun zwei 28 cm= Haubitzen mit Erfolg wandten.

Die Haubitzen feuerten auffallenderweise an diesem Tage mit rauchendem Pulver; die Japaner hatten nämlich herausgefunden, daß die schweren russischen Haubitzen die ihrigen doch nicht erreichen konnten.

Auf der ganzen Front hatte die Infanterie der IV. Armee kleine Fortschritte gemacht, wenngleich unter ziemlich schweren Verlusten. Die erreichten Stellungen wurden sofort von den Japanern zur Verteidigung hergerichtet.

Da der Boden für Spatenarbeit zu hart gefroren war, schleppte man von hinten Sandsäcke heran, um Deckungen daraus herzustellen. — An manchen Punkten lagen sich die Gegner auf 50 m gegenüber.

Um 6 Uhr schien der Kampf bei der IV. Armee be= endet zu sein.

Um 8 Uhr erscholl plötzlich wieder starkes Infanterie= feuer, in das sich dann Artilleriefeuer mischte. Die Russen hatten einen Vorstoß unternommen, der sich auch in der Nacht wiederholte, wurden aber beide Male von den Japanern in den von ihnen genommenen Stellungen ab= geschlagen.

Die kurzen Mitteilungen, die ich abends erhielt, lauteten ganz günstig: „IV. Armee hat ihre Aufgabe erfüllt. Vor= schreiten derselben aber vom Oberkommando etwas zurück= gehalten. II. Armee im Vorschreiten, linker Flügel vor= geschoben, hat sehr starke russische Kräfte vor sich. I. Armee günstige Nachrichten. III. Armee bis auf 12 km westlich Mukden. Von V. Armee keine Nachricht."

Mir schien es sehr praktisch, daß die japanische Infanterie sich ihrer Tornister entledigte, wenn sie zum Angriff vorging, doch kann man das nur von einer Truppe verlangen, die des Sieges sicher ist!

Der 4. verlief ähnlich wie der vorhergehende Tag. Bei der IV. Armee konnte man keinen Fortschritt sehen. Die abends erhaltenen Nachrichten lauteten: „IV. Armee bleibt in den genommenen Stellungen, bis die II. Armee in ihre Höhe gelangt, um dann Schulter an Schulter mit ihr vorzugehen. Von I. und V. Armee keine bestimmten Nachrichten. III. Armee soll den Russen 3000 Mann Verluste beigebracht haben und nahe bei Bahnhof Mukden sein." Diese letzte Nachricht war nicht richtig. Am 5. konnte ich von einem Hügel 6 km nordwestlich meines Quartiers das Vorgehen von japanischer Infanterie gegen Sha ho pu beobachten. Von dort sah ich auch, wie eine anscheinend bei Sha ho pu stehende russische Batterie sich vortrefflich auf das Dorf Bu kia la tsy und den Hou tienhügel eingeschossen hatte. Alle beobachteten Schrapnellagen saßen sehr gut und weniger hoch als ich sie sonst beobachtet hatte.

Es berührte mich angenehm, zu sehen, wie bei den Japanern den Unterführern völlige Freiheit des Handelns anerzogen war. Es ist nicht immer ein höherer Führer da, um seine Befehle zu geben, und daher ist es eine Notwendigkeit, wenn die Initiative und das richtige Übersehen der Lage im Frieden den Unterführern eingepflanzt werden.

Auch am 6. ritt ich auf den Hun pau than. Uns schien es, als ob die Vorwärtsbewegung der 6. japanischen Division nördlich des Sha ho ins Stocken geraten wäre. Bei Han

tschi pu waren sehr starke russische Befestigungen, die allen
Sturmversuchen der 6. Division Trotz boten; auch richteten
die Russen außerordentlich heftiges Schrapnellfeuer gegen
die angreifende Division. Eine sehr starke russische Artillerie-
masse stand bei Pei ta kia tsy, dorthin richtete sich ab und zu
das Feuer der japanischen 28 cm-Haubitzen.

Sehr gut konnten wir beobachten, wie dicht bei den
russischen Mündungsfeuern sich die schwarzen Rauchwolken
der schweren japanischen Granaten erhoben, auch wurde nach
einiger Zeit das russische Feuer dort schwächer. Bei der
10. und Reserve-Division blieb die Lage ziemlich unverändert,
sie hielten die russische Stellung am Nowgorodhügel bis
etwa Sha ho pu eng umschlossen.

Aus der Richtung von Tschien tschan lin tsy und Hou
tai sahen wir lange Krankenträgerkolonnen mit Verwundeten
auf Shi li ho zurückgehen.

Der Dienst bei den Verwundetentransporten ist sehr
zweckmäßig eingerichtet, wie überhaupt die ganzen sanitären
Maßnahmen und Einrichtungen der japanischen Armee allen
europäischen Armeen als Beispiel dienen konnten. Die
Krankenträger der Sanitätskompagnie bringen die Verwundeten auf einer Bahre aus Segeltuch und Bambus-
stangen bis zum Verbandplatz. Vom Verbandplatze ab
übernehmen die militärisch geschulten Arbeitssoldaten die
Verwundeten und tragen sie zu einem Sammelplatz, an
dem sie erfrischt werden. Von dort bis zur Eisenbahn
geschieht der Transport durch chinesische Kulis, die in Er-
wartung der Bezahlung sich als zuverlässig erweisen.

Die Arbeitssoldaten haben sich während des ganzen
Feldzuges vorzüglich bewährt.

Ein Versuch eines russischen Regiments, sich in der Nacht vom 6. zum 7. in den Besitz des in japanischen Händen befindlichen Dorfes Liu tsien tun zu setzen, scheiterte.

Die Nachrichten, die abends bei mir vom Armee-Oberkommando einliefen, lauteten folgendermaßen: „Vorgehen der II. und III. Armee gegen Osten wird abgewartet, bevor Zentrum, IV. Armee, zum Angriff vorgehen kann. I. und V. Armee haben im Gebirge sehr starke Kräfte vor sich."

Am Morgen des 7. März gingen Teile der 6. Division über Kuan tun gegen die Mandarinenstraße vor, um dadurch den schweren Angriff der durch Reserven verstärkten anderen Divisionen gegen Han tsche pu zu erleichtern. Zugleich sollte diese Bewegung die russische Stellung bei Sha ho pu im Rücken fassen. Es gelang der 6. Division, die russischen Befestigungen bei Han tsche pu zu nehmen, wobei von den Japanern Handgranaten mit Erfolg verwandt wurden. Das weitere Vordringen der Division wurde wirksam von den 28 cm-Haubitzen unterstützt.

Am Nachmittag begannen die Russen in Unordnung in nordöstlicher Richtung zurückzugehen. Die Verfolgung der Japaner scheiterte aber an dem verheerenden Feuer starker russischer Kräfte bei Pa ta kai tsy.

Abends lauteten die Nachrichten folgendermaßen:

„II. und III. Armee haben starke feindliche Kräfte vor sich und sind nicht vorwärts gekommen.

I. Armee hat im Gebirge mit dem rechten Flügel Gelände nach vorwärts gewonnen.

6. Division (IV. Armee) bis an die Mandarinenstraße gekommen. Russen vor ihr in Unordnung zurück."

Für den 8. beabsichtigte die IV. Armee, der 6. Division zur Fortsetzung des Angriffs zwei Regimenter der Feldartillerie-Brigade zuzuteilen. Wir waren jedoch der Meinung, daß die Russen diesen Angriff nicht abwarten würden. Am Abend des 7. meldete die 10. Division den Abmarsch von 4 bis 5 russischen Bataillonen vom Nowgorodhügel auf Nuan schan. Das Artillerie- und Gewehrfeuer dauerte wie gewöhnlich bis tief in die Nacht hinein. Es war ein herrlicher Anblick.

Der 8. war der richtige Aschermittwoch. Es war auffallend still vor der Front der IV. Armee, und wir ahnten gleich Übles. Die Russen hatten die Nacht benutzt und ihre festen Stellungen vor der IV. und I. Armee geräumt. Wenn auch die IV. Armee sofort die Verfolgung aufnahm, so war doch der Rückzug so geschickt eingeleitet, daß die russischen Hauptkräfte schon einen bedeutenden Vorsprung hatten.

Am 9. ritt ich auf dem Wege nach dem neuen Quartier Huan schan über den Putilowhügel nach Sha ho pu. Die gesamten russischen Anlagen setzten sich aus einer Vorpostenstellung, einer vorgeschobenen Stellung, einer Haupt- und einer Aufnahmestellung, diese auf dem nördlichen Sha ho-Ufer, zusammen. Mir fiel bei den russischen befestigten Stellungen ein Punkt besonders auf. Die Drahthindernisse zogen sich vor der Front und auf beiden Seiten so hin, daß es immer Schwierigkeiten gehabt hätte, einen Offensivstoß durch die Drahthindernisse und Wolfsgruben hindurch zu machen. Die russische Stellung war nach dem Sha ho-Tale zu völlig ungedeckt, weswegen sie durch die Umfassungsbewegung der 6. Division unhaltbar wurde.

Das Dorf Sha ho pu war ein einziger, von Schmutz strotzender Trümmerhaufen, unzählige Patronen und Gewehre lagen umher. Zwischen beiden Stellungen sah man Gefallene und tote Pferde in großer Zahl. Der ganze Weg von Sha ho pu nach Huan than war mit weggeworfenen russischen Bekleidungs- und Ausrüstungsstücken, Waffen und Patronen besät. Den Sha ho überschritten wir auf einer Brücke, die von den Russen nicht hatte abgebrochen werden können.

Mittlerweile hatte sich ein Staubsturm erhoben, wie man ihn wohl selten mehr erleben wird. Wir konnten nicht die Ohren unserer Pferde sehen und atmeten eine dicke gelbe Masse ein. Auch dem Kampf gebot der Orkan Einhalt. Mit Mühe und Not erreichten wir in dem Unwetter, das eine Orientierung unmöglich machte, unser Quartier und bezogen ein größeres Haus, das einem russischen Divisions-

Sha ho pu nach der Beschießung.

stabe als Wohnung gedient hatte. In einer Art Scheune stand ein langer Tisch, auf dem sich noch Gläser befanden, die von mit Wasser vermischtem Rotwein halb gefüllt waren. In den Zimmern des Hauses standen gut heizbare Öfen. Am folgenden Morgen ritten wir auf eine Höhe, von der wir den Blick auf Mukden mit seinen Mauern und Tortürmen hatten, und sahen dem Artillerieduell vor der Hauptstadt der Mandschurei zu; der ganze Horizont war in eine Nebelschicht gehüllt, die von dem Pulverdampf des Geschützfeuers und des Infanteriekampfes herstammte. Gut angelegte Kolonnenstraßen, auf denen tote Pferde und tote Russen lagen, führten nordwärts. Die Dörfer, durch welche wir kamen, waren meist zerstört.

Am 11. siedelten wir mit dem Oberkommando der IV. Armee nach Lin kai, dicht bei dem Julinger Kaisergrab, über. Der Übergang über den Hun ho gehörte zu dem Unangenehmsten, was mir in meiner damals siebzehnjährigen Reiterlaufbahn vorgekommen ist. Der hier sehr breite Strom führte schon viel Tauwasser, das den Pferden bis an den Bauch ging, und unter dem sehr reißenden Wasser lag noch eine starke Eisdecke, so daß die Tiere wenig Halt hatten. Ich war froh, als mein Pferd wieder Erdboden unter den Füßen fühlte. — Wir ritten mit dem Feldmarschall Nozu und einigen Herren seines Stabes quer über das Schlachtfeld nach Örr tai tsy und Tawa, an der Mandarinenstraße nach Tieling. Unterwegs kamen wir durch ein Lager vieler Tausender russischer Gefangener. Diese wurden mit Tee bewirtet und freuten sich dessen, sahen aber sonst recht apathisch drein. Die armen Leute hatten seit vier Tagen keinerlei Verpflegung erhalten. Unter die Offiziere hatte

Graf Nozu aus den Vorräten seiner Armee Zigaretten verteilen lassen; ein schönes Zeichen der Großmut des Siegers dem Besiegten gegenüber.

Einen geradezu grauenerregenden Eindruck machte der Anblick der Rückzugsstraße zwischen Örr tai tsy und Tawa. Sie war kilometerweit mit toten Menschen und Pferden, mit umgestürzten Geschützen und Fahrzeugen bedeckt. Der Rückzug war hier in eine panikartige Flucht ausgeartet. Bei einem Hohlwege bei Örr tai tsy hatten japanische Maschinengewehre dem russischen Durchbruchsversuche ein Ziel gesetzt. Der tiefe Hohlweg war buchstäblich bis zum Rande mit Leichen und toten Pferden angefüllt. Geschütze waren hineingestürzt und hatten die dort liegenden Leichen zum Teil zermalmt. Über den Rand ragten, durch den Druck von unten emporgedrängt, mehrere junge Soldaten erstarrt aufrecht hervor und sahen uns mit verglasten Augen an. Ein russischer Protzkasten war, von zahllosen Maschinengewehrkugeln durchlöchert, explodiert und hatte Menschen und Pferde in weitem Umkreise verbrannt. Verkohlt lagen Mannschaft und Bespannung am Boden.

Während wir diese Bilder des Schreckens betrachteten, nahte sich eine Sektion unter Führung eines Offiziers mit einer erbeuteten russischen Fahne. Vor dem siegreichen alten Heerführer neigten sie das mit dem Georgenkreuz geschmückte Feldzeichen. Verwundete lagen herum, befanden sich aber schon in der guten Pflege der japanischen Ärzte, hatten jedoch noch nicht fortgebracht werden können. Sie grüßten durch Kopfnicken.

An mir habe ich es gesehen, daß der Krieg in mancher Beziehung abstumpft. Niemals hätte ich es gedacht, daß ich Schulter an Schulter mit toten Menschen mir das

Frühstück schmecken lassen würde. Gerade neben mir lag unter den Hunderten von toten Kriegern ein russischer Feldwebel, dem ein Geschoß die Hirnschale abgerissen hatte. Und doch frühstückte ich mit Appetit!

Nach Lin kai zurückgekehrt, stieg ich vom Pferde und besuchte, da der Tag schön war, das Kaisergrab Fuling. Die ganze Anlage ist von einer roten Mauer umgeben. Das Auge ruhte befriedigt auf dem sich um das Grab hinziehenden Hain, war es doch der erste Wald, den wir zu sehen bekamen, seitdem wir Japan verlassen hatten. Durch ein dreiteiliges, mit verglasten grünen Ziegeln bedachtes Tor traten wir in den Hain, der aus Kiefern besteht. Eine Geisterallee, aus steinernen phantastischen Tieren auf hübsch ornamentierten Sockeln ruhend, umgibt auf beiden Seiten den Weg, der zu einer Treppe führte, die uns in vielen Stufen auf die Höhe des Hügels brachte. Wir stehen auf einem freien, von niedrigen Gebäuden eingefaßten Platz, in dessen Mitte sich ein turmartiges Gebäude erhebt. Darin ruht eine riesenhafte Schildkröte, aus deren Rücken eine hohe Steinplatte emporragt, die mit dem kaiserlichen Wappen und einer Inschrift geschmückt ist. Als wir uns dem Eingang der inneren, mit drei Türmen geschmückten Mauern nähern, erweist die japanische Wache das Honneur durch Heraustreten. Auf die Nachricht meines Besuches hatten sich vor dem Tore der inneren Mauer chinesische Beamte versammelt, die mich mit vielem Komplimentieren empfingen, so daß ihre Zöpfe den näheren Umkreis unsicher machten.

Die Architektur der Gebäude ist keineswegs großartig. Mit den verschiedenen Farben der Türme macht die ganze Anlage einen recht koketten Eindruck.

Durch das hohe Tor traten wir in den ersten mit Stein=
fliesen belegten Hof. Dessen beide Seiten werden in ihrer
ganzen Länge von niedrigen Gebäuden eingenommen. Vor
uns erhebt sich ein mit gelben Ziegeln gedecktes, tempelartiges
Gebäude, dessen Dach die untergehende Sonne mit Gold=
glanz überstrahlte. Goldige Wolken zogen auf, und die
Stille wurde nur unterbrochen von dem heiseren Schrei der
kreisenden Raubvögel.

Tor am Fulinger Kaisergrab.

Wir stiegen in einen der Ecktürme und konnten von da einen Blick auf den eigentlichen Grabhügel werfen. Dies ist ein einfacher, gekalkter Hügel, auf dessen Spitze ein verkrüppelter Baum sein kümmerliches Dasein fristet. Der Blick nach Süden war wunderschön. Am Horizont ragte über die Mukdener Ebene, von den Strahlen der untergehenden Sonne vergoldet, die schön geformte Kette der Sha ho=Berge auf.

Nur schwer entschlossen wir uns, zu gehen; nach dem wilden Schlachtenlärm der letzten Wochen ruhte eine feierliche Stille über dem alten Kaisergrab, auf das sich die Schatten des Abends senkten.

Auf dem Rückwege stand bei den ersten Häusern des Dorfes die schnell zusammengerufene chinesische Wache des Grabes. Es waren etwa 30 Soldaten in roten Röcken mit deutschem Gewehr M/71 bewaffnet. Ihre Ehrenbezeugung erwiesen sie mir, indem sie sich, eine Hand auf den Boden stützend, auf ein Knie niederließen. Der Offizier deutete mit der Hand auf mich und rief seinen Leuten einige Worte zu, die heißen sollten, sie möchten sich mein Gesicht einprägen und mich unter ihren Schutz nehmen.

In der Nacht standen mir andauernd die Bilder vor Augen, die sich mir beim Ritt über das Schlachtfeld eingeprägt hatten. Ich sah den Hohlweg mit den aufrechtstehenden Toten, und der Blick der verglasten Augen verfolgte mich; ich hörte das Stöhnen der Verwundeten und sah den brechenden Blick der todwunden Pferde, die mit Mühe nur den Kopf noch heben konnten und uns mit großen traurigen Augen anzuflehen schienen, wir möchten doch ihrem Leiden ein Ende machen.

Den nächsten Morgen wachten wir mit einer Kohlen=
oxydgasvergiftung auf. Wir hatten Übelkeit und schwere
Kopfschmerzen und verbannten daher alle künstlichen Wärme=
erzeuger aus unserem Hause. Nie habe ich so gefroren
wie in den folgenden zwei Nächten.

Am 13. besuchten wir auf einem Ritte mit dem Grafen
Nozu die Stadt Mukden und die Quartiere der 6. Division
(General Okubo I) und der Reserve=Division.

Die Stadt Mukden machte einen gewaltigen Eindruck auf
mich; von einer doppelten Mauer eingefaßt, besitzt sie schöne Tore.

Es herrschte eifriges Treiben der auf ihren Vorteil
bedachten Chinesen in den Straßen. Viele der Kaufläden
waren schon wieder geöffnet. Die die alte Stadt um=
schließende Mauer hat eine stattliche Höhe und ist mit
einer Anzahl Tortürmen verziert, die alle dieselbe Bauart
zeigen: in drei Etagen nach oben sich verjüngend, ist jedes
Stockwerk mit dem originellen Chinesendach geschmückt, das
mit vier Holzsäulen auf das nächstfolgende absetzt. Die
Innenseite der so stattlich aussehenden Mauer befand sich
in einem sehr verwahrlosten Zustande. Unter anderem be=
suchten wir den Kaiserpalast. Dieser besteht aus einem
großen Komplex zierlicher Gebäude, in jedem der zahlreichen
Höfe steht ein Hauptgebäude. Der kunstvoll aus Holz ge=
schnitzte Thron ist vergoldet und zeigt in Holzschnitzerei die
kaiserlichen Drachen. Einige Teile des Kaiserschlosses sind
völlig verwahrlost und sehen aus, als ob sie einer Be=
schießung ausgesetzt gewesen wären. Ein höherer Beamter,
dem ich dies zu bemerken gab, antwortete mir mit traurigem
Augenaufschlag, „es ständen ihm so kleine Summen zur
Erhaltung des Schlosses zur Verfügung, daß er aus seiner

Hof im Kaiserpalast.

Tasche sogar zusetzen müßte". Ich dachte mir das Gegenteil seiner Ehrlichkeitsbeteuerungen.

Der architektonisch bemerkenswerteste Teil des ganzen Häuserkomplexes im Palast ist meiner Ansicht nach der Kiosk für den Empfang fremder Abgesandten.

Im Oktogon gebaut, treten an den acht Ecken drachenumschlungene Säulen heraus, die dem ganzen kleinen Gebäude den Eindruck großer Zierlichkeit verleihen. Der Pavillon steht inmitten eines ziemlich gut gehaltenen Hofes, der mit schmucken Steinfliesen belegt ist. Zum Schluß wurden uns in der Schatzkammer Juwelen und kaiserliche Gewänder gezeigt. Ein Gewand aus gelber Seide zeichnete sich besonders durch schöne bunte Stickerei aus.

Beim An= und Abreiten erwiesen die beiden Wachen die Ehrenbezeugung. Während bei der japanischen Wache alles wie bei uns klappte, dauerte es bei den Chinesen ziemlich lange, bis sie in Ordnung waren.

Wir kehrten von Mukden noch einmal nach Lin kai zurück, weil das für mich ausgewählte Haus erst in wohnlichen Zustand gebracht werden mußte. Es war dies eine angenehme Maßregel, da wir doch voraussichtlich längere Zeit in Mukden bleiben würden.

Kaiserpalast Mukden.
Kiosk für Empfang fremder Gesandten.

Das Oberkommando der IV. Armee ging etwas weiter nach Norden. Nach japanischer Ansicht mochte es wohl vier Monate dauern, bis die Operationen von neuem beginnen würden. Unter diesen Umständen regte sich in mir der Wunsch, in die Heimat zurückzukehren, und ich ließ durch Major v. Bronsart die japanischen maßgebenden Militärs sondieren, was sie über meine Abberufung dächten.

Die Japaner hatten, wie General Kodama mir sagte, nicht die Absicht, den Russen bis nach Charbin oder weiter zu folgen. Was sie wollten, war erreicht und ein großer

Teil der Mandschurei in ihrem Besitz. Die Russen endgültig zu besiegen, wäre ihnen nur im europäischen Rußland gelungen. Jeder Kilometer, den sie weiter nach Norden vordrangen, erschwerte ihren Nachschub. Sie dachten aber doch daran, um einen Druck auf Rußland auszuüben, sich russisches Gebiet anzueignen, indem sie Sachalin nehmen und Wladiwostok belagern wollten.

Das Haus, das ich in der westlichen Vorstadt Mukdens bezog, war ein großes, früher vom russischen Konsul bewohntes Gebäude. Die Ausstattung meines sehr geräumigen Zimmers war, von der japanischen Militärverwaltung veranlaßt, durch chinesische Palastbeamte wunderhübsch eingerichtet worden. Es bildete einen mit Teppichen belegten Raum von 7 m Länge und mindestens 5 m Breite. Schon beim Einreiten sollten wir von chinesischen Mandarinen empfangen und zur Wohnung geleitet werden, sie hatten jedoch irrtümlich an einem anderen Tor gewartet und holten uns nicht mehr ein. Gleich nach meinem Eintreten ins Haus meldete sich der chinesische, in Mukden kommandierende General bei mir; mit ihm zugleich kam der Zivilgouverneur. Der Aufzug, in welchem die Herren erschienen, war höchst eigenartig anzusehen. Als Zeichen ihrer Würde trug man den Sänften beider Standespersonen Schirme voraus. Einige dreißig ganz rot gekleidete Soldaten, mit Partisanen bewaffnet, schlossen diesen fast mittelalterlichen Aufzug. General Tsang, eine große, behäbige Gestalt, stieg in meinem Hofe aus der Sänfte. Dort wurde ihm von vier Mandarinen die Ehrenkette umgehängt. Dieselbe Prozedur wurde mit dem Obergouverneur vorgenommen. Einige zwanzig Mandarinen begleiteten die beiden hohen Würdenträger unaufgefordert in mein Zimmer, während die doppelte Anzahl Mandarine niederen Grades im Hofe warteten und an meinen Fenstern sich die Nasen platt drückten. Der Obergouverneur, ein alter Mann mit wallendem weißen Bart, machte mir einen intelligenteren Eindruck als der General. Auf meine Frage, wieviel Einwohner Mukden hätte, erhielt ich von ihm die Antwort, man habe nur die Häuser gezählt, und deren Zahl betrüge 100 000. Beide Herren trugen gleiche Kleidung, pelzverbrämte Seidenkleider. Das Raubvogelähnliche in der ganzen Physiognomie des Gouverneurs wurde durch 5 cm lange, gekrümmte schwarze Fingernägel erhöht.

Nach Beendigung des Besuches nahm man den beiden Herren im Hofe die Ehrenketten wieder ab. Sie bestiegen die Sänften und wurden im Laufschritt nach Hause getragen. Das Gefolge eilte im Trabe zu Fuß hinterher. Der General schickte mir als Geschenk reizende blühende Kirschbäumchen, die lange Zeit mein Zimmer schmückten; dann aber auch ein chinesisches Essen, dem ich gar keinen Geschmack abgewinnen konnte. Bronsart opferte sich, um wenigstens etwas zu probieren, aber sehr zum Nachteil seines Magens. Besonders die geschälten Eier von der Farbe einer Olive kamen mir höchst ekelhaft vor.

Am 17. März stattete ich dem inzwischen von Yentai eingetroffenen Feldmarschall Marquis Oyama einen Besuch ab. Außer dem Marschall und seinem Stabe, dem Prinzen Kan-In, mir und den Wachen war „die heilige Stadt" nicht belegt.

Die japanische Stadtkommandantur hatte aus chinesischen Soldaten, die von den Japanern kleidsame Uniformen erhalten hatten, eine mit langen Stöcken bewaffnete Polizeitruppe gebildet, die ziemlich Ordnung hielt; auch wurden die Hauptstraßen von dem schrecklichen Schmutz gesäubert. 200 Kulis waren damit beschäftigt, vor meiner Wohnung Jahrhunderte alten Kehricht wegzuräumen. Fünf Tage lang dauerte diese Arbeit, und nach ihrer Beendigung lag die an meinem Hause vorbeiführende Straße $2^1/_2$ m tiefer.

Ein Spaziergang auf der großen Mauer gewährte einen guten Überblick über die weitausgedehnte Stadt. Eine gepflasterte Rampe führt auf die Mauer, die eine Breite von etwa 4 m hat. Die krenelierte Brustwehr, die früher den Verteidigern Schutz geboten, liegt jetzt in Trümmern. Schräg nach unten verlaufende Schießscharten gestatten an der Mauer entlang nach unten zu schießen oder Steine hinabzuwerfen. Über jedem der zwölf Tore erhebt sich ein Turm in der früher beschriebenen Art. Über die grauen Dächer des Häusermeeres ragen die gelben Ziegeldächer des Kaiserpalastes hinaus.

In den nächsten Tagen empfing ich die Besuche der Generale Kodama und des mir noch unbekannten ruhmreichen Führers der II. Armee, Baron Oku. Seine ernsten, nie lächelnden Züge spiegeln die zähe Widerstandskraft, den unbeugsamen Willen und die höchste Energie wider, Eigenschaften, die er im höchsten Maße in der Schlacht von Mukden bewies, wo seine Armee die blutigsten Lorbeeren davongetragen und den schwersten Stand gehabt hat. Ich erwiderte die Besuche. Bei der II. Armee wurde mir ein französischer Vortrag über ihre Tätigkeit und Kämpfe gehalten, den ich in der Übersetzung an dieser Stelle folgen lasse. Ich will auch in großen Zügen den Verlauf der Schlacht wiedergeben, wie General Kodama ihn mir in Mukden in meiner Wohnung vorgetragen hat:

Nachdem beim Sha ho eine lange Operationspause eingetreten war, wollte man den Fall von Port Arthur abwarten, um von neuem nach Eintreffen der III. Armee die Offensive zu ergreifen und einen entscheidenden Schlag zu führen. Im März sollten dem Vernehmen nach zwei neue russische Armeekorps zur Verstärkung eintreffen.

Die Zeit, in der die Operation gegen Mukden stattfinden konnte, war von den Eisverhältnissen auf dem Sha ho und Hun ho abhängig; gewöhnlich fängt das Eis in der ersten Hälfte des März zu tauen an, und dann können diese Flüsse bis in den Sommer außerhalb der Brücken nicht mehr überschritten werden. Der Feldmarschall hielt es daher für angemessen, die Operationen in der Zeit von Ende Februar bis 10. März auszuführen.

Die III. Armee versammelte sich am 25. Februar auf dem linken Hun ho-Ufer bei Hsiao peiho, die II. Armee bei Lang tien ku; im Zentrum waren die IV. Armee an der Sha ho-Linie und die I. Armee, die am 25. ihre Hauptkräfte bei Pen liu pansa zusammenzog. Die V. Armee kam vom Yalu her und erreichte am 26. die Gegend hart südlich Makuntan.

Die Absicht des Oberkommandierenden war, zunächst auf dem rechten Flügel und im Zentrum nur Scheinangriffe zu machen, um die Russen zu täuschen, den Hauptangriff aber dem linken Flügel (III und IIIa) zu übertragen.

Im ganzen waren die japanischen Kräfte 20 Divisionen stark mit 1200 Geschützen.

Die IV. Armee unternahm, wie befohlen, Scheinangriffe auf die russischen Stellungen am Sha ho mit Truppen der 10. Division und der Reserve-Division und unterhielt ein scharfes Artillerieduell, das besonders heftig in den drei

General der Infanterie Baron Oku.
Führer der II. Armee, in seinem Quartier in Mukden.
(Felduniform der Generale.)

ersten Tagen war. An schwerer Artillerie verfügte sie über vier 28 cm-Haubitzen, die am Nordost- und Südwestfuße des Shan Kakiyama standen, ferner über eine Batterie langer 10 cm-Kanonen, die den Russen bei Nanshan abgenommen waren, und eine Batterie 12 cm-Kanonen. Diese beiden Batterien standen hinter Erddeckungen auf einem mit dem Momidji Yama zusammenhängenden niedrigeren Hügel, vielleicht 600 m vom Momidji Yama entfernt.

Die russischen Kräfte vor der IV. Armee wurden auf 4 bis 5 Divisionen geschätzt. Wie die Japaner, hatten sich auch die Russen in der langen Ruhepause eingegraben und Feldbefestigungen angelegt; Wolfsgruben und Drahthindernisse waren nirgends gespart worden. So kam es, daß die Stellung der Russen vor der Front der IV. Armee sehr stark war. Sie konnte nicht ohne große Verluste und bevor die Artillerie niedergekämpft war, frontal angegriffen werden. Es wurden daher, wie schon einmal erwähnt, in der Front nur Scheinangriffe gemacht. Die 6. Division sollte Sha ho pu angreifen, über die Eisenbahn Liaoyang—Mukden links herumgreifen und die Front nach Osten nehmen. Die Russen leisteten scharfen Widerstand, doch gewann die 6. Division Terrain und erreichte mit ihren Hauptkräften am 7. März die Mandarinenstraße. Dadurch gefährdete sie die Sha ho-Stellung vor der IV. Armee im Rücken und machte sie für die Russen unhaltbar. In Unordnung zogen diese sich in nordwestlicher Richtung zurück, doch konnte die Division nicht folgen, da sie in ihrer linken Flanke von zehn feindlichen Batterien scharf beschossen wurde.

Am 7. März nachts um 11 Uhr wurde gemeldet, daß die Russen ihre Stellungen vor der IV. Armee geräumt hätten. Bei Tagesanbruch wurde die Verfolgung von der IV. Armee begonnen und zwar mit allem Nachdruck.

In der Nacht zum 10. überschritt sie in vier Kolonnen den Hun ho zwischen Mukden und Fuling; die linke Kolonne fand Widerstand am Brückenkopf von Hun ho pu, den sie jedoch bald beseitigte. Russische Kräfte, die aus Mukden gegen Osten durchbrechen wollten, wurden von der linken Kolonne (6. Division) wieder in die Stadt zurückgeworfen, wobei die 6. Division 16 Geschütze sowie einen 21 cm-Mörser erbeutete und 6000 unverwundete Gefangene machte. Parallel mit der 6. Division war die Reserve-Division angesetzt, und über die Höhen, auf denen die Fulinger Kaisergräber liegen, erreichte am 10. um 11 Uhr vormittags die 10. Division nach mäßigem Widerstand die Mandarinenstraße. Diese war bis 15 km nördlich Mukden in den Händen der IV. Armee, während Teile der 6. Division nachmittags in den östlichen Stadtteil von Mukden drangen.

Die I. Armee hatte einen sehr starken Feind vor sich. Sie beschäftigte diesen. Ein gleiches tat die V. Armee, die auch starke feindliche Kräfte vor sich hatte. Die letztere mußte hartnäckige Kämpfe bestehen, und um sie zu entlasten, schickte die I. Armee eine Brigade in den Rücken des der V. Armee gegenüberstehenden Feindes. Beide Armeen hatten die Anweisung erhalten, dem Feinde auf den Fersen zu bleiben, wenn er wiche, und ihn nicht mehr zum Stehen kommen zu lassen. Bis zum 7. März hatten sie in schweren Kämpfen etwas Gelände gewonnen, mit ihrem rechten Flügel bis in die Höhe von Kao tai ling kommend. In der Nacht des 7. März um 11 Uhr begann der Feind vor der I. Armee seine Stellungen aufzugeben, und sofort wurde die Verfolgung aufgenommen.

Die V. Armee ging in Richtung auf Fushung (auf dem rechten Hun ho-Ufer) vor, wo sie am 10. März versammelt stand. Die I. Armee folgte in drei Kolonnen dem Feinde. Die rechte Kolonne erreichte am 8. März Tiacho tun, 1 km südlich Hun ho; die mittlere Kolonne teilte sich, um bei Kolinten und Kinten den Hun ho zu überschreiten, und die linke Kolonne erreichte am 9. März Tsioncha wansa. Am 10. war die ganze I. Armee auf dem rechten Hun ho-Ufer und stieß zwischen Puho und Tawa in zwei Kolonnen auf die Mandarinenstraße, weiter auf Tieling vorgehend, das am 15. März in die Hände der I. Armee fiel.

Die V. Armee ging von Fushung nördlich in zwei Kolonnen vor.

Die Operationen der II. Armee will ich etwas genauer erzählen.

Am 27. Februar war die Lage folgende: Beide Gegner standen sich ganz nahe und parallel gegenüber. Die Russen (vom rechten Flügel angefangen) in der Linie: Chen ma hu lintje—Ynje pa otze—Chang tan—Wankia wopeng—Likia wopeng—Paitaize—Hunghi—Kinshan sai—Fukia shwang—Heilin tun—Wuchen ying—Talien tun—Yin you. Ihre Kräfte waren hier in folgender Weise verteilt: 3 Schützen-Brigaden, VIII. Armeekorps, X. Armeekorps, V. Sibirisches Armeekorps, $^1/_2$ XIII. ($^1/_2$ XIII. stand östlich der Eisenbahn, Truppen der IV. Armee gegenüber). Seit der Schlacht am Sha ho hatten die Russen ihre Stellung zu einer langen, zusammenhängenden, stark befestigten Verteidigungslinie ausgebaut.

Die II. japanische Armee stand vom rechten Flügel an in Linie Ling shan pao am (Sha ho), wo sie Fühlung mit der IV. Armee hatte, über Chang yan pao—Wangkia yn antsze—Litajen tun—Yapatai—Hei keu tai—Lan kiatze—Chi taitsze. Letztere beiden Orte mit Detachements besetzt. Hauptmasse der Kavallerie bei San taitsze, um die linke Flanke zu decken und Fühlung mit der vorgehenden III. Armee zu halten. In dieser verschanzten Stellung erwartete die II. Armee, die unter dem Schutze ihrer Vorposten ihre Hauptkräfte (5. und 8. Division) zwischen Chentan pao und Langtieng kou versammelt hatte, den Befehl zum Beginn der Offensive.

Nach dem Plane des Oberkommandos sollte die II. Armee zunächst das Vorgehen des Heeres unterstützen. Daher wurde am 27. Februar die russische Stellung durch Artillerie beschossen und dabei festgestellt, daß beim Feinde die Lage im wesentlichen unverändert sei. Am Abend erwiderten die Russen das Artilleriefeuer an verschiedenen Punkten und ließen einzelne Kompagnien zu nächtlichen Unternehmungen vorgehen, die jedoch überall abgeschlagen wurden.

Am 28. Februar eröffnete die ganze Artillerie der II. Armee das Feuer zur zeitweisen Beschießung der feindlichen Front, woran sich auch die der IV. Armee unterstellten zwei Stück 28 cm-Haubitzen von Shin liatze aus gegen Talien tun beteiligten. Die Russen antworteten mit etwa 60 Feld- und 10 schweren Geschützen.

Inzwischen war die III. Armee bereits im Vormarsch aus der Gegend Shao pei ho auf dem rechten Hun ho-Ufer nach Norden; daher wurde die Hauptmasse der Kavallerie der II. Armee (General Akiayama) von Lan kiatze in Richtung Houma hou kiatze zur Verbindung mit der III. Armee vorgeschickt.

Sie vertrieb die russische Kavallerie und besetzte die Linie Tu taitze—Liao pun wai. Mit der Hauptmasse blieb sie bei Huan gla setze.

Das Hauptquartier der II. Armee verblieb in Kontszepu ($1^1/_2$ km nordöstlich Langtieng kou).

Am 1. März ging die II. Armee zur Offensive über. Die 8. Division griff um $7^1/_2$ Uhr vormittags die Linie Likia wopeng—Wankia wopeng an, während die 5. Division um 8 Uhr vormittags gegen die Stellung Kinshan tai—Paitaitze von Chentan pao her vorrückte. Das Akiyama-Detachement ging über Tu taitze in Richtung Changtan vor, während die auf dem rechten Flügel verbliebene 4. Division die Linie Ling shan pao—Wuchen ying besetzt hielt und nur einen Artilleriekampf führte.

Während die Artillerie der 8. Division die feindliche Stellung Likia wopeng—Wankia wopeng heftig beschoß, gingen die bereits in der Nacht zum 1. 3. auf das rechte Hun ho-Ufer übergegangenen Hauptkräfte der Division gegen Changtan vor; nur ein Teil der Division verblieb auf dem linken Hun ho-Ufer.

Die 5. Division hielt mit einem Teil ihrer Kräfte die Russen bei Hunghi fest; ihre Hauptkräfte gingen gegen Paitaitze vor. Ihre Artillerie stand bei Yapatai und beschoß hauptsächlich Paitaitze, teilweise auch Kin shan tai und Hunghi.

Die Artillerie des Akiyama-Detachements unterstützte durch heftiges Feuer auf Nien yu pao den Angriff der 8. Division auf Changtan. Um $11^1/_2$ Uhr hatte General Akiyama den Ort Chan kia wopeng genommen, erhielt aber nun russisches Artilleriefeuer von Sfangtai her. Um

Die Lage der II. Armee am 1. März.

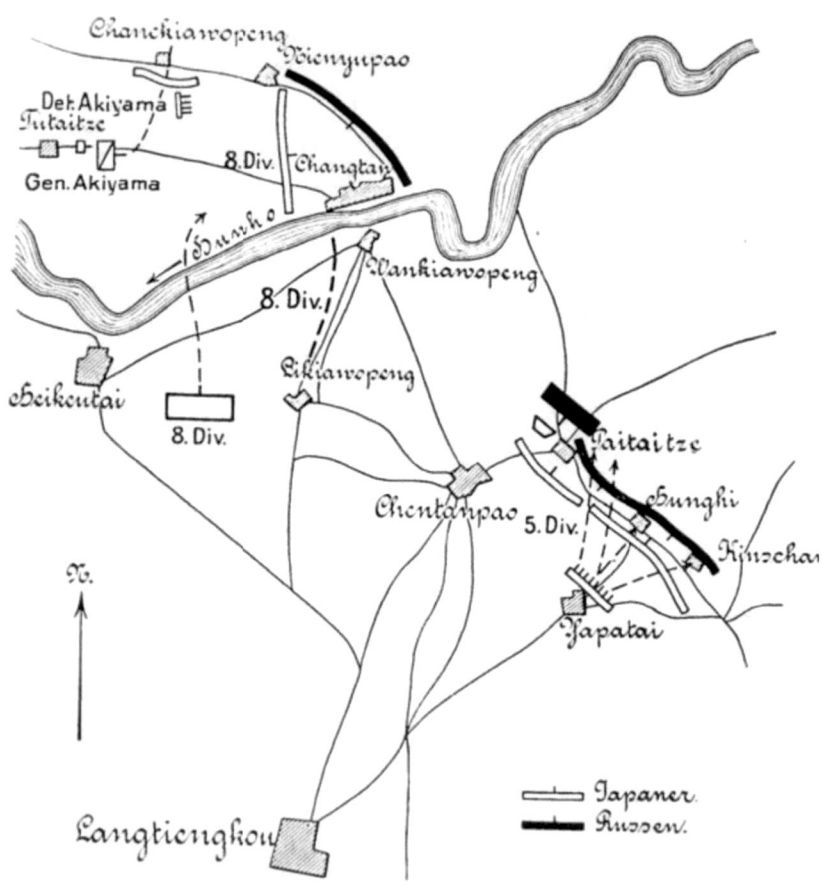

1½ Uhr nahm ein Teil des Akiyama-Detachements auch Ynje pa otze. Die in Linie Changtan—Nien yu pao stehenden Russen leisteten jedoch starken Widerstand, so daß der japanische Angriff zum Stehen kam. Daher wurde aus der Reserve der II. Armee Infanterie dorthin gesandt. Inzwischen wurden russische Marschkolonnen (ungefähr zwei Infanterie-Regimenter und eine Abteilung) im Vormarsch von Pein tai auf Sfangtai gemeldet. Da man aber den rechten Flügel der III. Armee im Vorgehen auf Sfangtai wußte, war keine Bedrohung des linken Flügels der II. Armee zu befürchten.

Aber auch die 5. Division sowie der auf dem linken Hun ho-Ufer verbliebene Teil der 8. Division waren auf nachhaltigen Widerstand gestoßen, da die Russen in sehr starken Befestigungen saßen, mit Maschinengewehren schossen und Verstärkungen erhalten hatten. Bis zum Abend vermehrte sich auch die russische Artillerie fortwährend, so daß zuletzt 200 russische Geschütze im Feuer standen. Die Angriffe der Japaner waren daher sehr schwer und verlustreich, aber trotzdem machten sie Fortschritte, und es gelang dem rechten Flügel der 8. Division, eine Höhe dicht bei Likia wopeng zu nehmen.

Um 4 Uhr hörte man Kanonendonner aus der Gegend von Sfangtai, wo der rechte Flügel der III. Armee die Russen angriff. Die Lage war am Abend so, daß die 8. und 5. Division zwar überall nahe an die stark verschanzten russischen Hauptstellungen vorgedrungen waren, sie aber nicht zu nehmen vermocht hatten. Es wurde daher der 8. Division noch ein Teil der Infanterie der Armeereserve unterstellt.

In der Nacht vom 1. zum 2. März beabsichtigten die 5. und 8. Division, die russischen Stellungen zu stürmen, und bereiteten alles dazu vor. Das Hauptquartier blieb noch in Kontszepu.

2. März. In der Nacht vom 1. zum 2. März hatten aber auch die Russen bei Likia wopeng Verstärkungen erhalten und unternahmen mehrere erfolglose Gegenstöße gegen die vom rechten Flügel der 8. Division genommene Höhe.

Dagegen gelang es den Japanern, um $5^{1}/_{2}$ Uhr vormittags nach mehreren energischen Sturmangriffen Wankia wopeng zu nehmen, und um $7^{1}/_{2}$ Uhr fiel auch Likia wopeng in ihre Hände. Die in Unordnung nach Norden zurückgehenden Russen wurden bis über Changchoantsze hinaus verfolgt, fanden aber bei Chang yan pao Aufnahme und leisteten längere Zeit Widerstand, so daß letzterer Ort erst um 5 Uhr nachmittags von der 8. Division genommen werden konnte. Der Feind zog sich in großer Unordnung nach Nordost zurück.

Der größte Teil der 8. Division war bei Tagesanbruch gegen Changtan vorgegangen. Die feindliche Stellung Changtan—Nien yu pao war stark besetzt; hinter der Mitte standen etwa 50 russische Geschütze. Beim Vorgehen der 8. Division begannen aber die Russen zurückzugehen, worauf die Japaner bis zur Linie Wanchutai—Sialoi paotsze folgten. (Recht wenig weit!)

Die 5. Division war mit ihren Hauptkräften in der Nacht vom 1. zum 2. März gegen 2 Uhr vormittags gegen Paitaitze vorgegangen und hatte das 500 m östlich des Ortes gelegene russische Fort erstürmt, war aber durch überlegene russische Kräfte wieder daraus vertrieben worden. Nachdem Verstärkungen eingetroffen waren, machten die Japaner einen erneuten Angriff, und nach heftigem Bajonettkampf gelang es, das Fort um $4^{1}/_{2}$ Uhr vormittags wieder zu nehmen und nun auch gegen alle russischen Gegenstöße zu behaupten. Die Stärke der Russen beim Fort betrug über vier Bataillone und mehrere Maschinengewehre; ihr Verlust dort belief sich auf 300 Tote.

Die russische Artillerie hatte bei Paosiangtu, Errtaize und Siao kan tai in der Stärke von 60 Geschützen der japanischen gegenübergestanden.

Unmittelbar nach Wegnahme von Paitaitze wurden die Russen auch aus Hunghi vertrieben. Die von Yapatai aus vorgegangenen Teile der 5. Division griffen Kinshan sai an und nahmen es um 2 Uhr nachmittags. Die russische Besatzung dieser Stellung, etwa ein Bataillon stark, ging nach Norden zurück.

Von Paitaitze aus verfolgte die 5. Division mit Unterstützung ihrer westlich des im Nordwesten von Chen tan pao liegenden Sees vorkommenden Artillerie die Russen bis Ku ku atsze, das um 6 Uhr genommen wurde.

Die über Hunghi vorgegangenen Truppen verfolgten den Gegner bis Errtaize und nahmen diesen Ort um $8^1/_2$ Uhr. Um Mitternacht vertrieben die über Litajentun vorgehenden Truppen die Russen aus Tukia shwang. Überall gingen diese in fluchtartigem Rückzuge zurück.

Die 4. Division war am 2. März im allgemeinen stehen geblieben und hatte auch bei dem ihr gegenüberstehenden Feinde keine Veränderung der Lage beobachtet.

Die IV. Armee hatte gelegentlich das Feuer ihrer schweren Geschütze auch auf diesen Teil des Gegners gelenkt. Die Hauptmasse der Kavallerie des Generals Akiyama war bereits in der Nacht vom 1. zum 2. März der III. Armee zugeteilt worden, die am 2. März schon über Sfangtai hinaus gegen Paintai vorgedrungen war.

Am 3. März setzte die II. Armee die Bewegung fort, um den Russen zu folgen. Diese hatten fast jedes Dorf verschanzt. Trotzdem wurden sie überall schnell und energisch angegriffen und hatten viele Verluste. Am Abend erreichte die 5. Division die Linie San taitsze—Liaofan shug, die 8. Division stand mit ihrem rechten Flügel südlich Puerh pao, die auf dem rechten Hun ho-Ufer befindlichen Hauptkräfte hatten Paimotai besetzt. Sämtliche Truppen standen in naher Fühlung mit dem Gegner und blieben nachts in Gefechtsgliederung.

Die 4. Division hatte ihren linken Flügel weiter nach Westen verlängert, die Russen aus Heilin tun vertrieben und die Gegend nördlich Wan kia wantsze vom Feinde gesäubert.

Das Oberkommando der II. Armee ging nach Shintaitze.

Am 4. März setzte die II. Armee mit ihren Hauptkräften auf das rechte Hun ho-Ufer über, um den Anschluß an die III. Armee zu behalten, die ihre umfassende Bewegung westlich Mukden fortgesetzt hatte. Nur die 4. Division blieb auf dem linken Hun ho-Ufer, nahm das von den Russen besetzte Wuchen ying und griff die in der Linie Koalin pao—Lai sheng pao in der Stärke von einer Division und 50 Geschützen stehenden russischen Kräfte an. Um 1 Uhr mittags war Lai sheng pao erobert.

Um $2^1/_2$ Uhr machten die Russen einen Gegenstoß mit etwa einem Regiment, später einer Brigade, und am Abend mit zehn Bataillonen, wurden aber abgeschlagen, indem die Japaner sie jedesmal ganz nahe herankommen ließen und sie dann mit Schnellfeuer überschütteten. 300 tote Russen lagen vor der Front.

Die Lage der II. Armee am 4. März vormittags.

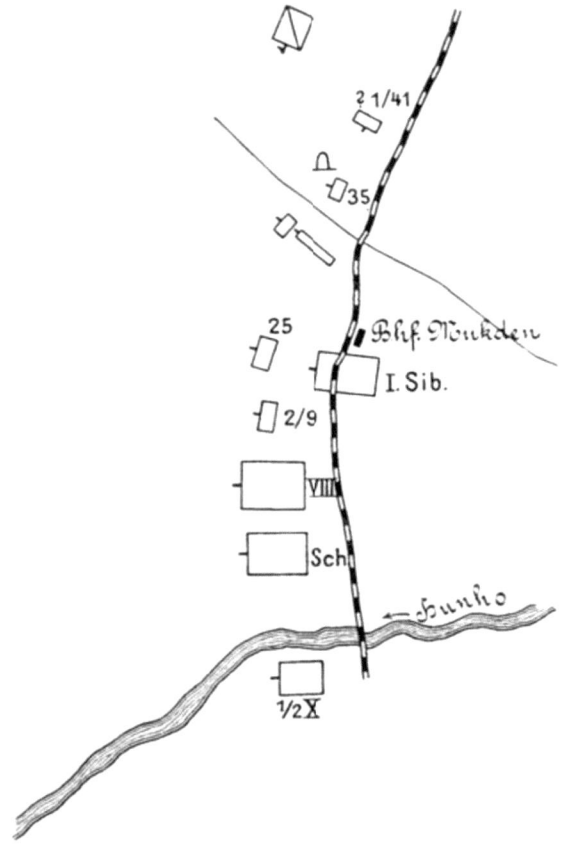

Der Angriff der Japaner gegen Koalin pao war sehr schwer, weil die bei Siaoshu Kiapao stehende russische Artillerie heftig schoß; erst um 4 Uhr nachmittags gelang es, Koalin pao zu nehmen. Die Russen gingen bis in die Linie Pien chang tse—Hsiaoshukia pao—Wang shuichen ztse zurück.

Die 4. Division folgte und blieb ihnen während der Nacht nahe gegenüber in Gefechtsgliederung.

Die 5. Division hatte um 5½ Uhr vormittags die Russen aus Buerh pao vertrieben. Diese, in der Stärke von einem Infanterie-Regiment und acht Geschützen, zogen sich nach Nordost zurück. Ein Teil der Division blieb bei Shuho pao und Chinta tai, während die Hauptkräfte bei Shuho pao auf das rechte Ufer des Hunho übergingen und demnächst bis Tsui kia pao marschierten, wo sie die Nacht verbrachten.

Die 8. Division hatte schon am Vormittag die Russen aus Chiassui zurückgeworfen, war dann, über Tsui kia pao weiter marschierend, bis nahe an den vom Feinde stark besetzten alten Eisenbahndamm gekommen, darauf, als die 5. Division im Anmarsch war, in die Gegend zwischen Bülin pao—Ninknan ton gerückt und dort verblieben. Die Russen hatten die Linie Mochia pao—Shahotzo—Rankia tsing—Bang shitun besetzt.

Das Hauptquartier der II. Armee übernachtete in Wukia pao. Am Abend ging der Befehl vom Oberkommando ein, daß die 4. Division vorläufig der IV. Armee unterstellt würde.

5. März. Die 5. Division beabsichtigte, die Russen bei Shahotzo anzugreifen, und stellte ihre Artillerie (schwere und Feldbatterien) 1500 m westnordwestlich Tsuikia pao auf einer kleinen Höhe auf.

Shahotzo wurde heftig beschossen, um den Infanterieangriff zu unterstützen. Um 7 Uhr vormittags war der alte Eisenbahndamm genommen. Die Russen bei Shahotzo waren etwa eine Division stark mit 60 Geschützen und leisteten starken Widerstand; auch wurde der Angriff der 5. Division von Mochia pao in der Flanke bedroht, daher

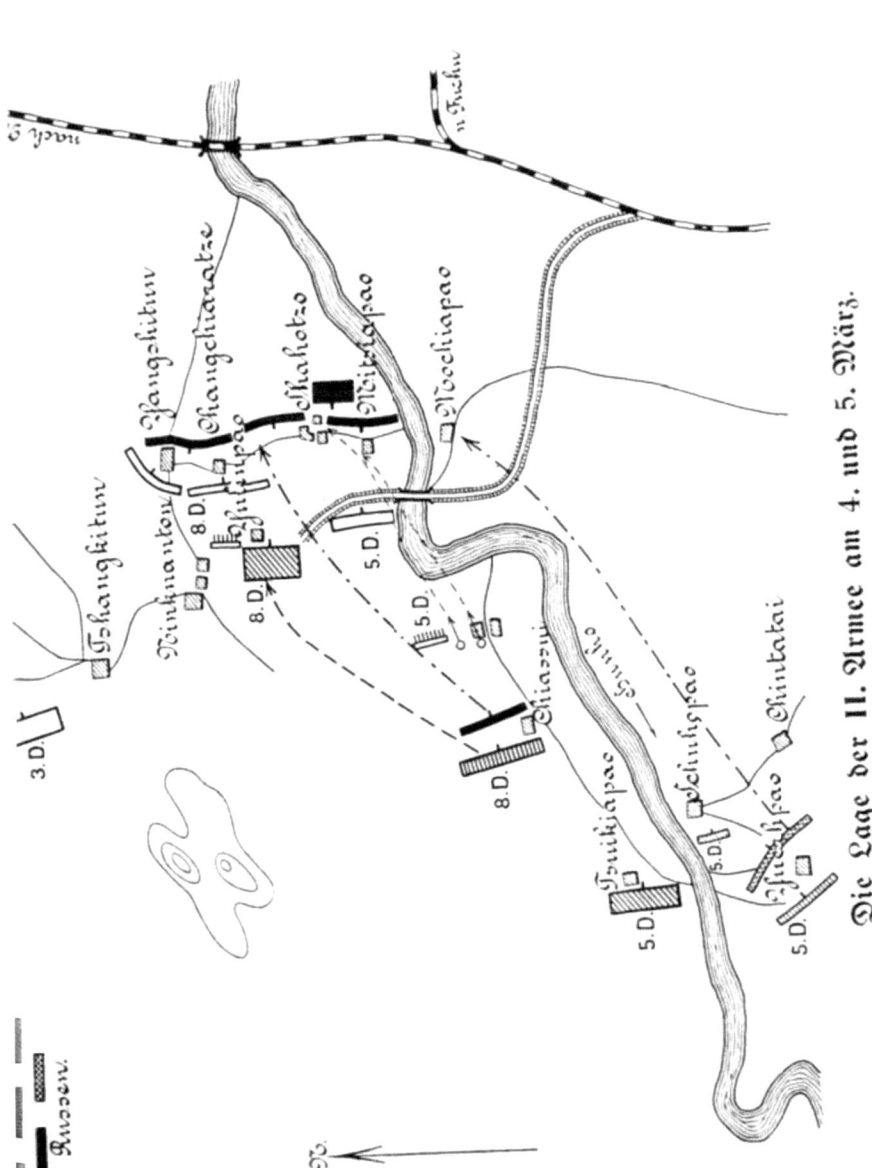

Die Lage der II. Armee am 4. und 5. März.

nahm die 5. Division gegen Abend vorläufig von weiterem Vordringen Abstand.

Die 8. Division beschäftigte mit ihrem rechten Flügel die Russen in der Front. Ihre Artillerie fuhr etwa am Nordende des alten Eisenbahndammes auf. Mit den Hauptkräften machte die 8. Division einen umfassenden Angriff gegen Jang shitun, aber auch hier kam das Vorgehen gegen Abend zum Stehen.

Während der Nacht wurde die schwere Artillerie nach vorn gebracht, um besser gegen die russischen Forts wirken zu können.

Vom Oberkommando der Mandschurei-Armeen traf der Befehl ein, daß die 3. Division der II. Armee unterstellt würde, um die Russen energisch festzuhalten und die umfassende Bewegung der III. Armee dadurch erleichtern zu können.

Die II. Armee dirigierte die 3. Division nach ihrem linken Flügel, wo inzwischen starke russische Kräfte bei Liknan pao die II. Armee zu überflügeln drohten. Mit dem Befehl, am nächsten Morgen Liknan pao anzugreifen, übernachtete die 3. Division bei Tschang ki tun und Chien min tun.

Infolgedessen konnten Teile der III. Armee, die in dieser Gegend standen, weiter nach Norden an ihre Hauptkräfte herangezogen werden. Das Hauptquartier der II. Armee blieb in Wukia pao.

Am 6. März begann frühzeitig der beiderseitige Artilleriekampf. Es gelang der Infanterie der 5. Division, trotzdem ihr rechter Flügel heftig, besonders von der russischen Artillerie beschossen wurde, sich bei Tagesanbruch an den kleinen Fluß westlich Shahotzo heranzuarbeiten.

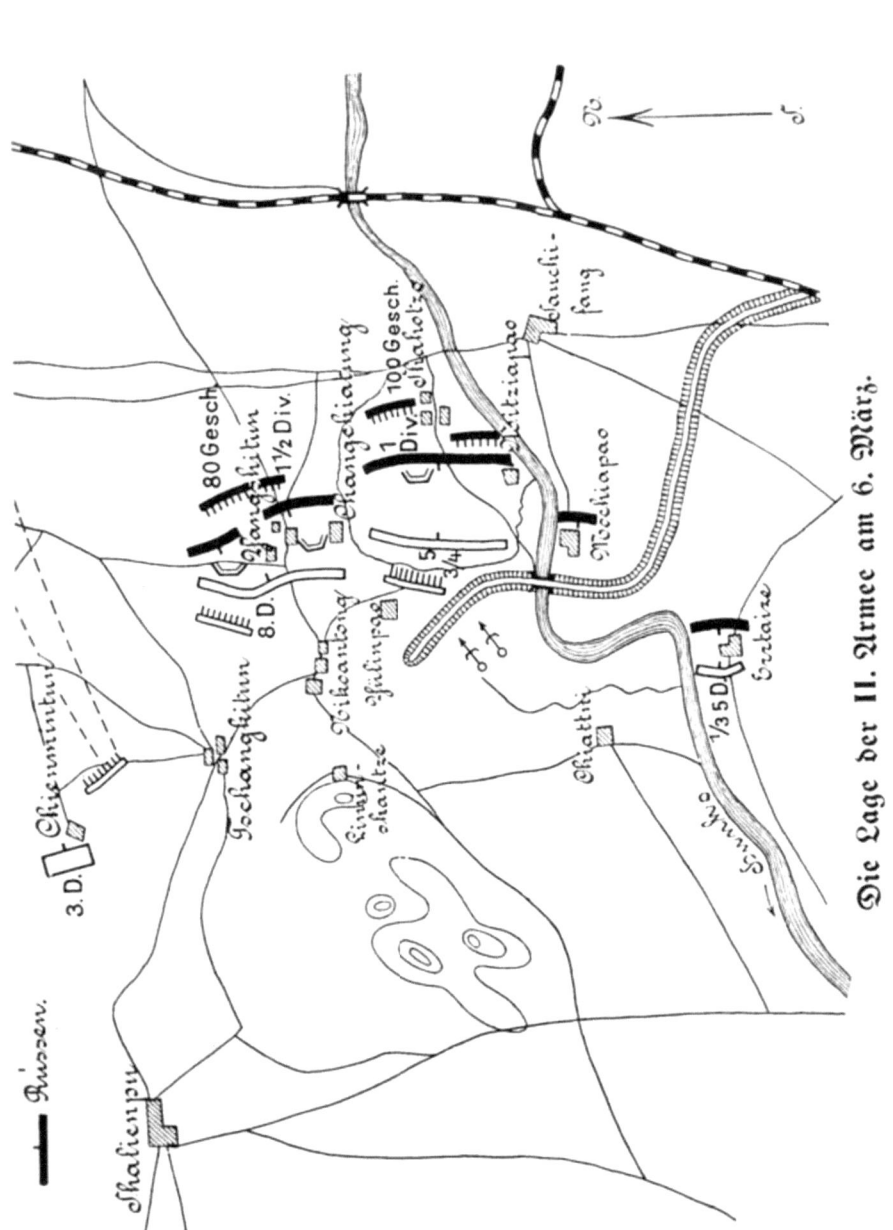

Die Lage der II. Armee am 6. März.

Aber an dem Widerstande der in den festen Verschanzungen gedeckt liegenden Russen kam der Angriff zum Stehen, und beide Gegner übernachteten nahe aneinander in Gefechtsstellung. Die Stärke der Russen betrug hier etwa eine Division und 100 Geschütze.

Die bei Mokia pao befindlichen Russen verhielten sich infolge heftigen Artilleriefeuers aus den japanischen schweren Geschützen ruhig.

Der auf dem linken Hun ho-Ufer verbliebene Teil der 5. Division stand den noch in Errtaize befindlichen Russen nahe gegenüber und hielt Verbindung mit der 4. Division.

Die 8. Division ging auch mit Tagesanbruch zum Angriff gegen Kan kiatsing—Yang shitun vor, aber auch hier kam der Angriff an den starken russischen Forts bald wieder zum Stehen, und nur die Artillerie beschoß heftig die feindlichen Stellungen, bis die Nacht hereinbrach.

Die Russen in dieser Stellung hatten Verstärkungen erhalten und wurden jetzt auf $1^1/_2$ Divisionen mit 80 Geschützen geschätzt.

Die 3. Division hatte für den Tag überhaupt auf den Infanterieangriff verzichtet und nur mit ihrer Artillerie die russische Stellung bei Liknan pao beschossen. Es wurde festgestellt, daß die Russen noch arbeiteten und schanzten. Die Stellung schien sehr stark, der Angriff hätte über eine weite deckungslose Fläche geführt, daher entschloß man sich zum Nachtangriff.

Die II. Armee hatte erfahren, daß die III. Armee, während sie ihre umfassende Bewegung nordwestlich Mukden fortsetzte, in heftigem Kampfe stehe, daher beschloß General Baron Oku, der den Tag über auf der Höhe bei Liminshantze ge-

Gefechte am 7. März.

standen hatte, den Angriff der II. Armee energisch fortzusetzen, um möglichst viele Kräfte der Russen auf sich zu ziehen und festzuhalten, damit die III. Armee ihre Bewegung leichter vollbringen könnte.

7. März. Die 5. Division stellte fest, daß die Russen ihr gegenüber immer noch in ihren festen Stellungen saßen, und beschloß daher, nicht anzugreifen, sondern ihre Stellung an dem kleinen Fluß nordwestlich Shahotze zu behaupten, um die Russen festzuhalten. Es fand daher hier hauptsächlich ein Artilleriekampf statt.

Die 8. Division ging um 2 Uhr vormittags gegen Kan kiatsing—Yang shitun vor, aber die russischen Forts mit Drahthindernissen und Maschinengewehren waren nicht zu stürmen, und der Angriff wurde abgeschlagen. Daher wurde zunächst von weiteren Angriffen abgesehen und nur mit Artillerie gewirkt.

Die vordere Linie arbeitete den ganzen Tag mit dem Spaten an einer Stellung, aus der heraus demnächst der Angriff erneuert werden sollte.

Die 3. Division hatte bei Tagesanbruch mit ihrer linken Brigade Liknan pao angegriffen; von der rechten Brigade beschäftigte ein Teil die Russen in der Front, ein Teil nahm die Häusergruppe südlich Liknan pao, schwenkte dann nach Norden herum und ging gegen den südlichen Teil des Dorfes Liknan pao vor, dessen Südwestrand um 7 Uhr vormittags genommen wurde. Um 8 Uhr 40 Minuten war nach heftigem Bajonettkampf die südliche Hälfte von Liknan pao erobert.

Die Russen erhielten aber Verstärkungen und machten Gegenangriffe, jedoch gelang es den Japanern, sich bis 2 Uhr nachmittags im südlichen Dorfteil zu behaupten. Die in der südlichen Häusergruppe befindlichen japanischen Truppen erhielten aber von den 300 bis 400 m südlich davon gelegenen starken russischen Forts Flanken- und Rückenfeuer, auch schossen 24 russische Geschütze aus der Gegend nordöstlich Liknan pao auf diese Gebäude. Die Lage war für die Japaner höchst unangenehm. Die Artillerie der 3. Division hatte die gefährliche Lage ihrer Infanterie erkannt und bemühte sich, sie nach Kräften zu unterstützen, aber sie konnte weder die verdeckt stehende russische Artillerie noch das russische Fort im Gelände auffinden und hatte daher nur wenig Wirkung.

Um 2 Uhr machten die Russen, die inzwischen noch 6 bis 7 Bataillone Verstärkung erhalten hatten, einen Gegenstoß. Die japanische Besatzung jedoch in der Häusergruppe südlich Liknan pao ging nicht zurück, sondern starb bis zum letzten Mann in der Stellung, die dann erst von den Russen besetzt wurde. Dadurch waren die in der Südhälfte von Liknan pao stehenden Japaner umfaßt, aber auch sie gingen nicht zurück, sondern behaupteten sich bis zur Nacht in den besetzten Gebäuden. Der Rest ging dann auf höheren Befehl bis in das Dorf ohne Namen 2 km südwestlich zurück. Die russischen Kräfte, die hier angriffen, waren zwei Divisionen stark. Sie verloren 8000 Mann, die Japaner 4000.

Da man bei der II. Armee beobachtet hatte, daß russische Infanteriekolonnen westlich Mukden in der Richtung nach Nordosten marschierten, nahm General Baron Oku, im Vertrauen auf die Widerstandskraft seiner Truppen, aus der Front der 8. Division heraus eine Reserve zu

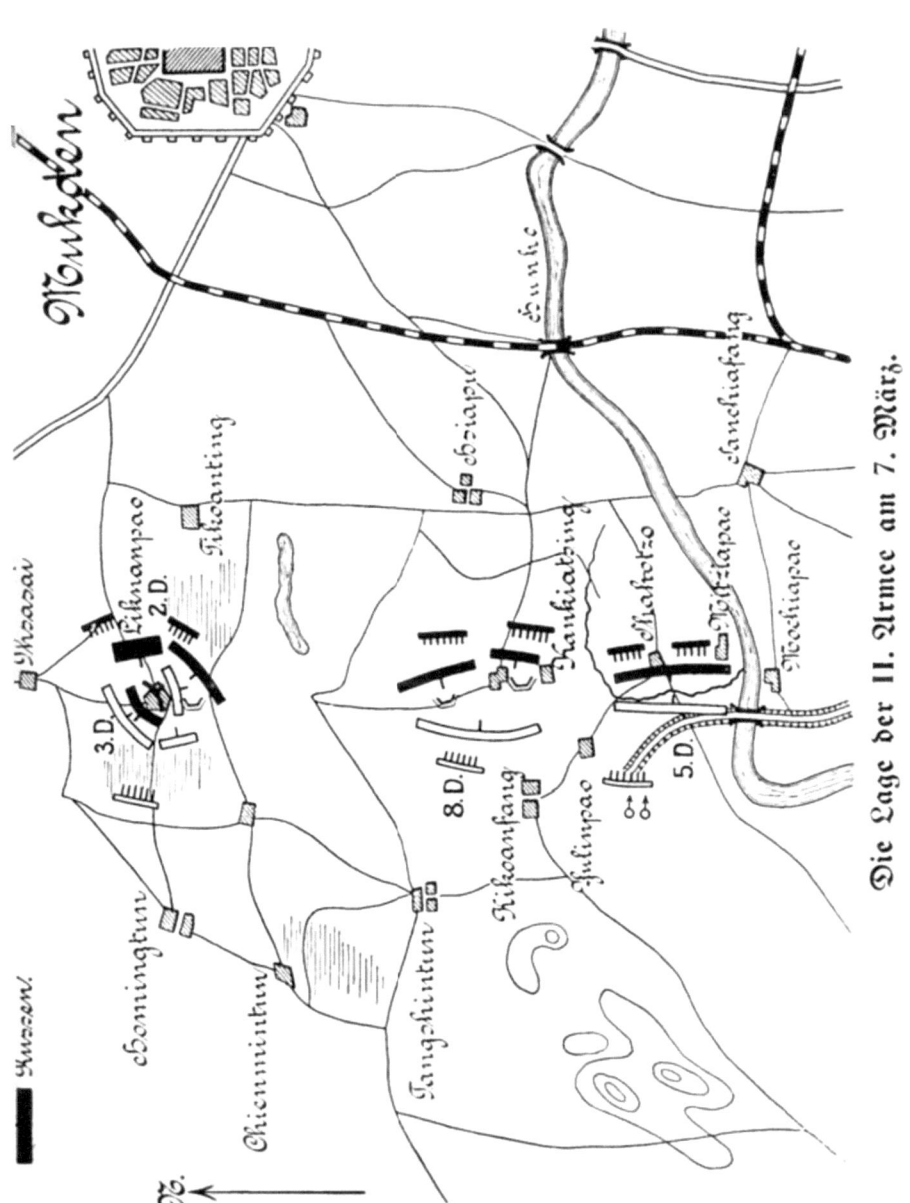

Die Lage der II. Armee am 7. März.

seiner Verfügung und entsandte sie auf den linken Flügel der 3. Division, um die Lücke zwischen der II. und III. Armee auszufüllen und der III. Armee ihre weiteren Bewegungen zu erleichtern.

Seit dem 5. März hatten sich die russischen Kräfte vor der II. Armee soweit verstärkt, daß man sie jetzt auf etwa 5 Armeekorps mit 250 Geschützen annahm.

Die der IV. Armee noch unterstellte 4. Division hatte Hsiao chifhin pao (südwestlich Bahnhof Sukiantum) genommen; gleichzeitig war die 6. Division der IV. Armee gegen Hansheng pao vorgegangen.

Das Hauptquartier der II. Armee blieb in Tshong in tsze.

8. März. Die II. Armee hielt den Feind fest, indem sie ihn in der ganzen Front beschäftigte. An einzelnen Stellen wurde näher herangegangen, um die Lage der Russen zu beobachten. Die 5. Division bemerkte, daß der Widerstand des Gegners bei Mokia pao und Mi zia pao geringer geworden war, und ließ daher Mokia pao von ihren auf dem linken Ufer gebliebenen Truppenteilen nehmen. Um 3 Uhr nachmittags war der Ort in japanischem Besitz. Gleichzeitig waren die Hauptkräfte der 5. Division gegen Shahotzo näher herangezogen, um die Russen nicht abziehen zu lassen. In der Nacht wurde dann die erste Linie bis auf 400 m vom Feinde herangeschoben.

Die 3. und 8. Division machten Scheinangriffe und führten hauptsächlich einen Artilleriekampf bis zum Abend. Gegen Tagesanbruch wurde das unbenannte Dorf nordöstlich Homing tun genommen.

Die 4. Division (noch der IV. Armee unterstellt) hatte inzwischen ihre Angriffe in nordöstlicher Richtung fortgesetzt

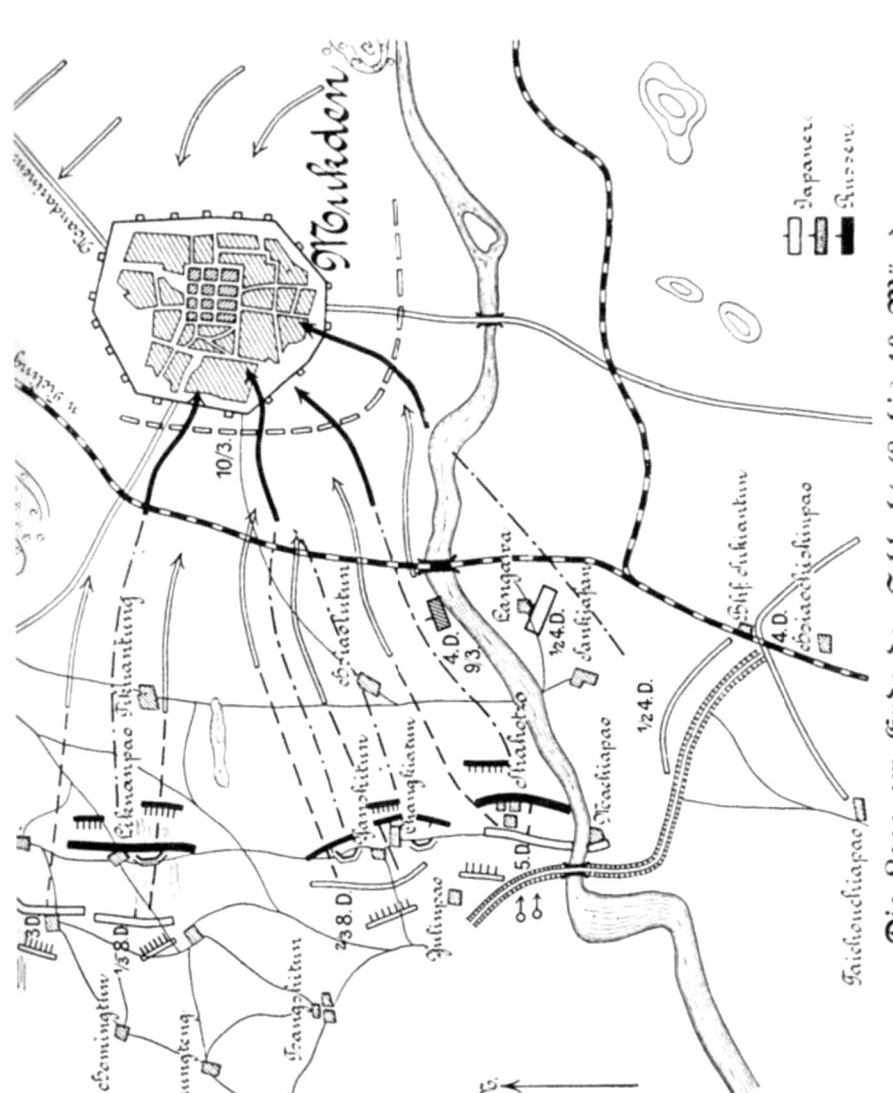

und in der Nacht vom 7. zum 8. März Hsiao chifhin pao erstürmt, wobei die Russen große Verluste erlitten.

Die IV. Armee hatte mit der 6. Division Hanchen pao genommen und ging am 8. März vor Tagesanbruch zur Verfolgung des überall zurückweichenden Feindes vor.

Das Oberkommando ordnete daher an, daß die 4. Division wieder zur II. Armee zurücktreten sollte.

Am Abend des 8. März besetzte die Division die Linie Tyang errtun—Tsukiatun—Takiching pao—Peitatsuing.

Gerade zu dieser Zeit sollte General Oku alle seine Kräfte auf dem rechten Hun ho-Ufer konzentrieren. Daher ließ er nur eine Brigade der 4. Division in der Linie Bahnhof Sukiantun—alte Eisenbahnbrücke stehen, während die anderen Teile der 4. Division, die sich bei Longa wa am Hun ho befanden, auf das rechte Ufer übergehen sollten. Diese Bewegung konnte jedoch erst am 9. März ausgeführt werden.

9. März. An diesem Tage wehte ein starker Staubsturm von Südwesten und erschwerte die Leitung der Bewegungen außerordentlich.

Am 10. war auch von der II. Armee der Kreis um Mukden im Westen und Süden geschlossen, und der zurückgehende Feind wurde durch die Stadt verfolgt. Diese Kämpfe kosteten der II. Armee 13 000 Mann.

Die III. Armee war nach dem Fall von Port Arthur teils durch Fußmarsch, teils durch Bahnbeförderung um Liaoyang zusammengezogen worden. Am 25. Februar stand sie um Hsiao pao versammelt und hatte vorläufig keinen starken Feind vor sich. Der Grund dafür liegt vielleicht darin, daß General Kuropatkin erst am 1. März Nachricht vom Vormarsch der III. Armee erhielt.

Das Ende der Schlacht. 119

Mukdener Brücke.
Von den Russen zerstört.

Am 2. März erreichte sie die Linie Pingangpu—
Tamintun zwischen Hun ho und Liauho, in welcher sie am
1. März ungefähr den rechten Flügel vorgeschoben. Der
Vormarsch wurde über Shahotzo und nördlich fortgesetzt,
und am 4. März die Linie Shalinpu—Chia lenku und
nördlich, am 6. in drei Kolonnen die Linie Likoang pu—
Tashüchao—Shuntun taize besetzt.

Am 6. März war die III. Armee mit der Front nach
Südosten in einer Linie 2 km südöstlich von Taiotun an=
gelangt.

Am 7. März schloß nördlich der II. Armee die Armee
Noghi über die nördlichen Kaisergräber bis östlich über die
Bahn hinaus den Kreis um Mukden enger. Sie mußte
aber ihren linken Flügel später zurückbiegen, um in er=
bittertem Kampfe die von Norden her zwischen Eisenbahn

und Mandarinenstraße vorbrechenden russischen Aufnahmetruppen abzuweisen.

Aus dieser Schilderung der Schlacht von Mukden geht hervor, daß der II. Armee die blutigsten Kämpfe zufielen und die schwere Aufgabe, den Versuch der Russen zu vereiteln, das japanische Zentrum zu durchbrechen, glücklich von ihr gelöst wurde. Ich glaube, es bedurfte gerade an dieser Stelle des zähen, ausdauernden Führers, der General Oku war.

Die Ruhezeit in Mukden benutzte ich, nach Abfassung des Berichtes an Se. Majestät, um mir mit meinen Herren die Stadt anzusehen, und besonders, um die Umgegend kennen zu lernen.

Beim Spazierengehen durch die belebten Straßen der Stadt sah man häufig die intimsten Szenen des täglichen Lebens, die offen auf die Straße gezogen wurden und großer Komik nicht entbehrten. Wie in Liaoyang, standen auch hier in Mukden an allen Straßenecken die beweglichen Küchen, wo — nur für Chinesenmagen — das reinste Hexenfutter zusammengebraut wurde, das an unsere Europäernasen geradezu übermenschliche Ansprüche stellte.

Der Aufenthalt in Mukden wurde sehr ungemütlich, da Epidemien in der Stadt ausbrachen, die von den Ärzten erst studiert werden mußten; daneben herrschten in fast jedem Hause die schwarzen Pocken, so daß wir uns schleunigst impfen ließen.

All diese äußeren Umstände machten den Wunsch immer reger, den Kriegsschauplatz verlassen zu dürfen.

Ab und zu erhielt ich Besuche, so den des Generals Lébara, der sich erkundigen sollte, wie ich in Mukden untergebracht sei, und mir Grüße des Generals Nozu brachte.

Am 7. kam Leutnant Poten aus Tokio, der den inzwischen eingetroffenen Pour le mérite für General Baron Noghi brachte. Ich ließ den General fragen, wann ich mich zur III. Armee begeben könnte, um ihm diese hohe Auszeichnung zu übergeben. Der General scheute aber nicht die Anstrengung des langen Rittes nach Mukden, um mir den Weg zu ersparen.

Am 9. April traf er ein. Um die Übergabe feierlicher zu gestalten, hatte ich den Chrysanthemum und den preußischen Stern angelegt und redete den General etwa folgendermaßen an:

„Seine Majestät der Deutsche Kaiser haben geruht, Euerer Exzellenz den Orden pour le mérite zu verleihen in Bewunderung der Leistungen Euerer Exzellenz und der Port Arthur=Armee.

Wir haben keinen wertvolleren Orden wie diesen; unsere alten Generale, welche diese Auszeichnung in den Kriegen vom großen Kaiser Wilhelm I. erhalten haben, tragen denselben mit Stolz, und mit Stolz und Bewunderung schauen wir jüngeren Generationen zu den Trägern dieses blauen Kreuzes empor.

Dieser Orden kann nur für Auszeichnung vor dem Feinde erlangt werden.

Seine Majestät haben mir den Befehl zugehen lassen, Euerer Exzellenz den Orden persönlich zu übergeben, und ich bin stolz darauf, mich hiermit dieses ehrenvollen Auftrages entledigen zu können."

Schlacht bei Mukden.

Sofort legte ich dem General den Pour le mérite um. Darauf reckte sich die verwitterte Gestalt des Helden von Port Arthur strammstehend auf, und er sagte mit Tränen in den Augen etwa folgendes:

„Es sei eine große Gnade Seiner Majestät, die er annähme als Ehrung jedes einzelnen Soldaten seiner Armee, als Ehrung jedes Gefallenen, daß aber Seine Majestät mich, einen Prinzen seines Hauses dazu aus= ersehen hätte, sei eine so große Ehre, daß es ihm sei, als ob Seine Majestät persönlich ihm diesen höchsten Militär= orden übergeben hätte."

Abends gab ich dem General Noghi ein kleines Diner, wo ich das Wohl des „jüngsten" Pour le mérite=Ritters

Pailinger Kaisergrab.

ausbrachte, und er nochmals seiner Dankbarkeit gegen unseren Kaiser Ausdruck verlieh. Während des Essens, an dem auch General Uéhara teilnahm, kam das Telegramm mit der Nachricht, daß meine Abberufung genehmigt sei.

Hierüber war ich sehr erfreut; meine Abwesenheit von zu Haus dauerte auch in diesem Falle fast ein Jahr, und die Einwilligung Seiner Majestät in mein Gesuch zeigte mir, daß ich die Lage der Dinge richtig beurteilt hatte, richtiger als manche Fachmänner, die der Meinung waren, der Moment, die Abberufung zu beantragen, sei noch lange nicht gekommen.

Geisterallee vom Pailinger Kaisergrab.

Am 11. April ritt ich noch ein zweites Mal nach dem Pailinger Kaisergrab, welches, viel besser gehalten wie das Fulinger, im Gesamtbild einen vornehmeren Eindruck macht.

Das Tor vor der roten Mauer ist architektonisch sehr bemerkenswert. In weißem Stein aufgeführt, hat es Anklänge an die indischen Bauten; es ist dreiteilig und außerordentlich reich ornamentiert. Wenn man durch das Eingangstor der roten Mauer tritt, so hat man die Geisterallee vor sich, die viel reichhaltiger und schöner als die Fulinger ist. Wir stehen auf einem großen, freien, mit Steinfliesen belegten Platz, in dessen Mitte sich ein turmartiges Gebäude erhebt. Auf beiden Seiten stehen überlebensgroße, gut aus-

Geisterallee Pailing.

geführte Steintiere. Einige zeigten heraldisch aufgefaßte Fratzen, andere einen großen Elefanten und ein Pferd, beide naturgetreu nachgeahmt.

Da ich am 16. April den Kriegsschauplatz verlassen wollte, begann am 12. schon die Reihe der Abschiedsfeste mit einem Essen beim Feldmarschall Marquis Oyama. Das Fest verlief sehr vergnügt; bei uns herrschte die Freude vor, in absehbarer Zeit die Heimat und die Lieben zu Haus wiederzusehen, bei den Japanern die, den

Abschiedsfeste in Mukden.

Letzter Abend in Mukden.

„teuren" Gast loszuwerden. An dem Diner nahmen außer uns als Gäste teil: General Baron Oku, der zähe Führer der II. Armee, sein Stabschef General Oseko II, Prinz Kan=In und der Stab des Armee=Oberkommandos. Leider war General Baron Kodama in Tokio. An das Essen schloß sich eine Lotterie an, und den Schluß des Festes bildete eine photographische Aufnahme; den nächsten Tag fand ein Essen mit dem Feldmarschall und denselben Gästen wie den Tag vorher beim Prinzen Kan=In statt.

Am 14. war ich zu einem großen Fest bei der II. Armee eingeladen, bei dem alle dieser Armee zugeteilten fremdherrlichen Offiziere zugegen waren. Nach dem an einer Anzahl von Tischen eingenommenen Diner folgte eine Festvorstellung, die sich bis lange nach Mitternacht hinzog. Es wurden patriotische Stücke von den Soldaten vorgeführt, und ich war überrascht zu sehen, mit welchem Ernst und mit welcher Gewandtheit diese Vaterlandsverteidiger die ihnen zugeteilten Rollen durchführten.

Rückreise nach Japan.

Am Nachmittag des 15. April ging es wie in einem Taubenschlage bei mir ein und aus; am 16. brach die Scheidestunde endgültig an. Schon längere Zeit vor dem Abreiten hatte sich der Feldmarschall mit dem General Baron Oku, dem Prinzen Nashimoto und den Generalen Fukushima, Mazukawa und vielen anderen Offizieren bei mir eingefunden, um dem scheidenden deutschen Prinzen „Lebewohl" zu sagen. Nachdem ich dem Marschall für seine immer gleichbleibende Liebenswürdigkeit während der langen Monate gedankt hatte, mußten wir die Pferde besteigen, denn wir hatten einen weiten Weg zu machen. Die Eisenbahnbrücke südlich Mukden über den Hun ho war noch nicht ganz wiederhergestellt, so daß unser Zug auf dem linken Hun ho=Ufer wartete. Prinz Kan=In hatte vom Kaiser von Japan den Befehl erhalten, mich nach Tokio zu begleiten. Viele japanische Offiziere, unter ihnen General Uéhara, und Oberstleutnant v. Förster sowie Major v. Stetten begleiteten mich zu Pferd bis an den Zug. Auf dem rechten Hun ho=Ufer begrüßte mich der Kommandeur der 5. Division, Generalleutnant Kigoshi. Nach herzlichem Abschied, besonders von dem sympathischen General Uéhara, dampfte mein Zug um 12 Uhr nach Süden ab.

Die Fahrt durch die Mandschurei war schön, und alle Berge strahlten in sonniger Klarheit. Am 17. um 3 Uhr 50 Minuten trafen wir in Dalny ein und wurden vom General der Infanterie Baron Nishi und vielen Offizieren am Bahnhof empfangen. Abends $7^{1}/_{2}$ Uhr gab mir der General in seinem Hause ein Diner. Ein Teil unseres Gepäcks war schon am Abend auf der „Aki Maru" verladen worden. Die See zeigte Schaumköpfe. Etwa 50 Offiziere geleiteten mich am 18. an Bord und, wie es in Japan üblich, wurde mit Sekt auf mein Wohl getrunken, das General Nishi ausbrachte.

Es mutete uns ganz merkwürdig an, als wir in den luxuriösen Salon des Schiffes traten und die molligen Seidenmöbel sahen, so sehr hatten wir uns an die asketische Einfachheit des Kriegsschauplatzes gewöhnt. Die Verpflegung war gut.

Den 19. wehte frischer Wind, das Wetter trübte sich, und das Schiff rollte ein wenig. Es war starke Dünung, der Wind kam von vorn, und statt $13^{1}/_{2}$ Knoten lief daher die „Aki Maru" nur 11, so daß wir nach unserer Schätzung erst zwischen 8 und 9 Uhr abends die Makau-Inselgruppe passierten.

Den 20. April regnete es stark, unangenehme frische Luft mit Nebel machte den Aufenthalt auf Deck wenig einladend. In der Nacht waren wir nicht weiter gekommen; bis um 7 Uhr vormittags hatten wir des starken Nebels wegen halten müssen und fuhren daher erst heute um $11^{1}/_{2}$ Uhr an den Makau-Inseln vorbei.

Nach dem Abschiedsessen bei Feldmarschall Oyama in Mukden.

1 Marschall Oyama. 2 Prinz Kan-In. 3 Prinz Carl von Hohenzollern. 4 General Baron Mu. 5 Generalmajor Pieto. 6 Generalmajor Fukushima. 7 Major von Bronsart. 8 General Masutawa. 9 Mein Ehrendienst Oberlieutenant Nagahama. 10 Zeremonienmeister Matju.

Ankunft in Kyoto.

Eine peinliche Vorahnung für Bronsart, der nicht ganz seefest ist, war das Herunterschaffen unserer Pferde in die unteren Schiffsräume. Das Barometer war stark gefallen, und der Kapitän befürchtete in der Koreastraße Nordsturm. Wir kamen an der Wonto-Insel und um 4 Uhr 20 Minuten an der hübsch geformten Insel Sato vorüber. Das Schiff soll in der Nacht stark gestampft und gerollt haben, aber ich hatte so gut geschlafen, daß ich nichts davon merkte.

Bei trübem Wetter dampfte unter dem Salut der Geschütze die „Aki Maru" in den Hafen von Shimonoseki, wo wieder Empfang durch General Aria und die städtischen Behörden stattfand. Um 4½ Uhr nachmittags erfolgte dann die Abfahrt nach Kyoto.

Welch ein Kontrast zwischen dem nahenden blütenreichen Japan und der öden vegetationslosen Mandschurei!

Die Ankunft in Kyoto fand am 22. um 3 Uhr nachmittags statt, darauf Empfang durch die Behörden am Bahnhof. Bald nach der Ankunft begab ich mich in Seidengeschäfte, in denen man herrliche Stickereien kaufen kann. Die Seidenindustrie ist eine der Spezialitäten von Kyoto.

Der 23. war dem Besuch der alten Tempelstadt Nara gewidmet; die Bahnfahrt dorthin führt durch weite Strecken von Bambuswäldern und Teefeldern, durch den hübsch gelegenen Ort Fushimi. Die Tempelstadt Nara liegt inmitten eines großen, wildreichen Parks, der sich an bewaldeten Hügeln heraufzieht. Ehrwürdige, tausendjährige Kryptomerien, an denen sich Glycinien mit ihren herrlichen blauen Blüten emporranken, ragen bis 30 m hoch in die Lüfte. Unzählige Stein- und Bronzelaternen bezeichnen die

Nara.

Wege zu den Tempeln, deren Bauten sich ziemlich ähnlich sind. Am Ausgang einer Schlucht steht der alte, 767 erbaute Kasaga no Mya=Tempel. Im Tempelhof Todaji ist eine uralte Glocke zu sehen, unter welcher wohl acht Personen Platz haben. Dieselbe hat einen wunderbaren Klang. Als sie für mich angeschlagen wurde, hallte noch lange ihr melodischer Schall über das stille Tal. Wir besuchten dann einen großen Tempel, der sich durch seine Höhe vor den

anderen auszeichnete; in demselben befindet sich ein Bronze-
Buddah von 17 m Höhe.

Am 24. wurden einige Tempelanlagen in der Umgegend von Kyoto besichtigt und nach Arashi yama ge-
fahren, das reizend inmitten von Wäldern am Hodzu ge-
legen ist. Ein hübsches Landhaus gehört dort dem Bischof
Grafen Otani.

Abends 8 Uhr erfolgte an diesem Tage die Abfahrt
nach Tokio.

Bei trübem Wetter kamen wir um 9½ Uhr in Tokio an. Es war ein großer Empfang am Bahnhof, und auf dem Wege nach dem Shiba-Palais, in dem ich wieder Wohnung nahm, wurden Prinz Kan-In und ich der Gegenstand lauter und liebenswürdiger Ovationen von seiten der Bevölkerung, die Kopf an Kopf in den Straßen

Nara.

bis vor den Parkeingang des Shiba-Palais stand. Dort verabschiedete sich Prinz Kan-In von mir. Mein neuer Ehrendienst setzte sich aus den Zeremonienmeistern Matsui und Matsudura und meinem ständigen alten Ehrendienst, Oberstleutnant Nagayama, zusammen.

Abends sah ich zum Diner bei mir den Oberjägermeister Grafen Toda, den General Murata, Oberstleutnant Tashibana, den Hauptmann der Ehrenwache, den Dolmetscher, Zeremonienmeister Yamanouchi, Zeremonienmeister Niwa und meinen Ehrendienst.

In Tokio fing durch täglich überhand nehmende gesellschaftliche Verpflichtungen das ermüdende Leben wieder an.

Diners in der deutschen Gesandtschaft beim gastfreien Grafen Arco wechselten mit Festen bei hohen japanischen Persönlichkeiten.

Am 27. mußte ich im Shiba-Palais in großer Uniform wieder alle chefs de missions einzeln nachmittags empfangen. Eine unangenehme Anforderung an den Geist, da man jedem dieser Herren in verschiedenen Sprachen etwas anderes sagen sollte.

Der 28. brachte mir eine unbekannte Unterhaltung. Der kaiserliche Oberjägermeister veranstaltete für mich eine Entenjagd nach altjapanischem Muster. Die ganze Sache ist eine Gewandtheitsübung. Man lockt die wilden Enten durch eine zahme in ziemlich enge Kanäle; wenn eine genügende Anzahl dieser Vögel im Graben schwimmt, tritt man leise heran und muß sie beim Abstreichen in einem großen Schmetterlingsnetz fangen. Ich brachte auf diese Art 25 Enten zur Strecke, eine für den Anfänger befriedigende Leistung.

Festlichkeiten in Tokio.

Um 7 Uhr gab mir die Stadt Tokio im Shiba-Park ein großes japanisches Fest mit Geishas, zu dem eine große Anzahl von Leuten, unter ihnen der alte Graf Inoyi und der Minister des Äußeren, Baron Komura, geladen waren. Die Kostüme der Geishas waren mehrere Jahrhunderte alt und zeichneten sich durch wunderbare Stickerei und Farbenpracht aus.

Im Garten eines Herrn Mosfle hatte Professor Henle ein Lazarett eingerichtet, das ich mir ansah. Es war vortrefflich ausgestattet.

Am 29. lud ich Prinz Kan-In, Marquis Nabeshima und den alten Vicomte Aoki, einen großen Deutschenfreund, zum Frühstück, und den Tag darauf begab ich mich zu einem sehr eleganten Diner beim Prinzen Kan-In, zu dem die höchsten japanischen Militärs geladen waren. Ich hatte die Freude, lange mit dem alten Feldmarschall Fürsten Yamagata und dem intelligenten Marineminister Admiral Yamamoto zu sprechen, auch Admiral Ijuin war dort.

Einen Nachmittag verbrachte ich in dem schönen Palais des Marquis Nabeshima; seine Tochter, die liebenswürdige und hübsche Prinzessin Nashimoto, war zugegen, was mir die Stunden um so angenehmer verstreichen ließ.

Abends gab der Kriegsminister ein großes Diner für mich, bei welchem es wieder ohne Reden nicht abging. Die vielen Reden!

Nachmittags brachte mir der Landwirtschaftsminister einen schönen silbernen Falken zum Andenken.

Was die Geschenke anbetrifft, so sind die Japaner darin von einer überaus freundlichen Freigebigkeit. Das französische Wort „les petits cadeaux entretiennent l'amitié" ist in Japan in der Mode. So bekam ich wertvolle Ehrengaben von den Städten Kyoto, Nikko und Nara und noch zahlreiche Gegenstände von Privatpersonen.

Die japanischen Majestäten waren beide krank; Se. Majestät hatte mir sagen lassen, er hoffe, mich noch vor meiner Abreise zu sehen; da ich aber auf der „Roon" meine Plätze schon bestellt hatte, konnte ich mit der Abreise nicht mehr viel länger warten. So beauftragte der Kaiser seinen Sohn, den Kronprinzen, mir in seinem Namen ein Abschiedsfest im kaiserlichen Palais zu geben. Der Thronfolger hatte den Schwarzen Adler angelegt und trug Infanterieobersten-Uniform. Er spricht etwas französisch, so daß ich mich ganz gut ohne Dolmetscher mit ihm unterhalten konnte.

Man sah dem Kronprinzen, der sich Mühe gab, freundlich zu sein, an, daß ihm das Repräsentieren ungewohnt ist.

Später machte er mir einen Besuch im Shiba-Palais.

Dort gab ich am Abend ein großes Abschiedsessen für die kaiserlichen Prinzen und die Spitzen der Behörden. Von den vorzüglichsten Gästen will ich nennen vom kaiserlichen Hause: den Prinzen und die Prinzessin Kan-In, Prinzen Yamashina, Prinzeß Nashimoto; von hohen Würdenträgern den Feldmarschall Yamagata, den Kriegsminister, den Minister des Äußeren und viele andere. Ich hielt eine längere Rede, in der ich meinem Danke Ausdruck gab für Se. Majestät den Kaiser von Japan. Prinz Kan-In erwiderte darauf.

Am 6. verlebte ich anregende Stunden beim Feldmarschall Marquis Yamagata in seinem schönen Hause, in das er mich zum Frühstück eingeladen hatte. Das Gebäude besteht aus einem europäischen und einem japanischen Teil.

Abreise von Tokio.

In dem letzteren ist besonders ein großer Raum bemerkenswert, dessen goldbemalte Wände aus dem alten Schlosse in Osaka herrühren. Dort hält der Feldmarschall auch die altjapanische Kopfbedeckung in Ehren, welche der Kaiser noch bei seinem Regierungsantritt trug und die er ihm als dankbares Andenken an seine Verdienste zum Geschenk gemacht hat.

Am 7. Mai hieß es endgültig Abschied nehmen von Tokio und all den liebenswürdigen Leuten; es war ein merkwürdiges Gefühl, das mich beschlich, als ich mir sagte, daß ich ihnen allen in wenig Minuten wohl zum letzten Male im Leben die Hand drücken würde.

Ganz Tokio hatte sich am Bahnhof eingefunden, um mir ein letztes Lebewohl zu sagen: Prinz Kan-In, Prinz Yamashina, Feldmarschall Yamagata, die Generale Terautsi, Graf Sakuma, Okazawa, Murata, Nagoaka, Arisaka, Ishimoto und andere, die Admirale Ito, Yamamoto, Ijuin und Saito, ferner Baron Komura, Marquis Nabeshima, der Gouverneur und Baron Hanabusa, alle chefs de missions, der französische Gesandte, Monsieur Harmard, mit einbegriffen und eine große Menge anderer Leute. Aber auch das Volk beteiligte sich beim Abschied, indem es mir beim Heraustreten auf den Perron durch Händeklatschen einen sympathischen Empfang bereitete.

Ich begab mich zunächst auf zwei Tage nach Myanoshita, um diesen reizenden Gebirgsort im Bannkreise des Fuji yama kennen zu lernen.

Der in Rikfha zurückgelegte Weg von Yamoto nach Myanoshita ist landschaftlich wunderschön. Man glaubt sich in eine Gebirgsschlucht bei uns versetzt. Die Bergflanken sind von kleineren Schluchten zerrissen, durch die klare

Bäche in Kaskaden in die Hauptschlucht sich teils in fröhlichem Gemurmel, teils in ernstem Donnern hinabstürzen. Die Berge sind mit schönem Ahorn bestanden. Nach der Ankunft machten wir im strömenden Regen noch einen kleinen Gang.

Myanoshita liegt 460 m hoch. Ich nannte es das japanische Tivoli; denn von allen Seiten stürzen zwischen

Myanoshita.

den Häusern Wasserfälle in die Dagoshimaer Schlucht. In diese gelangt man auf Brücken und sicheren Treppen. Den ersten Tag blieben wir, da Hochnebel war, in Myanoshita und sahen uns die Schlucht an; nachmittags gingen wir nach Kiga am Goldfisch=Teehaus vorbei. Myanoshita wird durch eine sehr tiefe schmale Felsschlucht in zwei Hälften geteilt. Wenn man aus dem Ort heraustritt, hat man das breite Massiv des felsigen Futago yama vor sich.

Trotz des trüben Wetters machten wir am 9. die Partie nach dem See von Hakone. Der Weg dorthin steigt ziemlich stark bis zur Paßhöhe, doch beeinträchtigte der eisige Nebel den Ausflug außerordentlich, und wir sahen auch heute nicht den Fuji, dessen Schneekegel sich in dem schönen Gebirgssee spiegelt. Alles war in einförmiges Grau gehüllt. Wir verließen des schlechten Wetters wegen Myanoshita noch am selben Tage, um 8 Uhr abends nach Kyoto weiterzufahren.

Die Ankunft in der alten Kaiserstadt erfolgte am 10. um 7 Uhr 48 Minuten vormittags. Ich wurde vom Bürgermeister Saigo empfangen. Nara hatte mir das erstemal so gut gefallen, daß ich beschloß, es mir in Ruhe noch einmal anzusehen. Im Mai ist es besonders schön. Die Farbenpracht war geradezu märchenhaft. Zum Teil blühten noch die Obstbäume, und die zarte Farbe ihrer Blüten bildete einen herrlichen Kontrast zu dem grellen Blau der Paulowniablüte und den wilden gelben, roten und blauen Azaleen. Dahinein mischte sich das ernste Dunkelgrün tausendjähriger Kryptomerien und Glycinien, die in einer nie geahnten Pracht und Größe sich heraufrankten. Man konnte Blütentrauben von über Meterlänge sehen.

Bei herrlichem, warmem Wetter und wolkenlosem Himmel machten wir am 12. den höchst interessanten und landschaftlich schönen Ausflug die Hodzu=Stromschnellen hinunter. Man fährt durch die Schlucht, die man nachher auf dem Kahn hinuntereilt, auf der Bahn bis Kameoka. Mittlerweile hat sich die Schlucht zu einem fruchtbaren Tale erweitert, das von bewaldeten Bergen eingerahmt ist.

Dort werden die Boote bestiegen, merkwürdig flache Boote, die gar keinen Tiefgang haben.

Die Katarakte folgen erst langsam, dann schneller werdend, immer häufiger aufeinander; teils führt der Weg zwischen bewaldeten Hügeln, teils saust der Kahn durch klippenreiche, gefährliche Felsengen, und es ist wunderbar zu sehen, wie gewandt die Führer das schwankende Fahrzeug durch die gefährlichsten Stellen hindurchsteuern. Der zurückgelegte Weg ist großartig und sehr abwechslungsreich. Als

Hodzu.

wir in Arashi yama landeten, erwartete uns Bischof Graf Otani zum Frühstück in seinem schönen Landhause; den Abend beschloß ein Geishafest, das mir Marquis Saigo gab.

Am 13. verließ ich die gastliche Stadt, um mich nach Kure zu begeben, wo ich mir auf Anraten des Marineministers Yamamoto die Hafenanlagen, Docks und Gießereien ansehen wollte. Dort traf ich um 6 Uhr 24 Minuten mittags ein. Am Bahnhofe hatten sich sämtliche Offiziere der Admiralität, mit Vizeadmiral Arima und den Kontreadmiralen Yamanouchi und Nakamito an der Spitze, eingefunden. Auf dem Wege nach der Wohnung des Admirals bildeten Marinemannschaften Spalier.

Bei Besichtigung der Werften bin ich auf den noch im Bau befindlichen 14 000 Tons-Panzerkreuzern herumgestiegen. Bemerkenswert ist der Umstand, daß die Panzerplatten zum Teil an Ort und Stelle gefertigt worden sind.

Hodzu-Stromschnellen bei Kyoto.

Schwere Geschützrohre und Geschosse wurden in meiner Gegenwart gegossen, und in der Nähe der weißstrahlenden Ströme flüssigen Erzes war es kaum auszuhalten.

In nächster Zeit hoffen die Japaner, wie Admiral Yamanouchi mir sagte, auch stärkere Panzerplatten an Ort und Stelle herzustellen; die Anlage zur Anfertigung der

Nach Abfahrt von Nagasaki.

stärksten Panzerplatten stand, wie ich es wahrnehmen konnte, fix und fertig. Ich hatte den Eindruck, daß Admiral Yamanouchi hier eine großartige Anlage geschaffen hat.

Vieles könnte ich noch anführen, aber meine mangelnde Sachkenntnis verbietet es mir, näher darauf einzugehen.

Zum Schluß sah ich mir das Einschießen mehrerer Torpedos an.

Abschied von Japan.

Von Kure aus wurde der kleinen waldigen Felseninsel Mijajima ein Besuch abgestattet. Das Eiland macht mit seinen kleinen Tempeln, den an den steilen Bergen sich heraufschlängelnden Wegen einen zierlichen, aber keineswegs gewaltigen Eindruck, wie z. B. Nikko; dazu ist alles zu klein, wenngleich auch die Gestalt des in zwei scharfen Felshörnern endenden Gebirgszuges schroffen Charakter aufweist.

Am späten Abend kamen wir in Shimonoseki an. General Manahe, der Kommandeur der Hiroshima-Division, und Admiral Karaguchi stiegen in meinen Zug, um mich einige Stationen weit zu begleiten.

Der 15. Mai brach regnerisch an. Um $9^1/_2$ Uhr rüstete ich mich zur letzten Fahrt mit der Eisenbahn auf japanischem Boden. Nach Verabschiedung von den Spitzen der Behörden bestieg ich den Zug, der mich von Moshi durch die Insel Kyushu nach Nagasaki brachte.

Mijajima.

Die Fahrt durch Kyushu ist abwechslungsreich und zeigt zum Teil hübsche Bergformen. Diese gipfeln in dem 2000 m hohen tätigen Vulkan Asoshan.

Um 7 Uhr 40 Minuten abends war Empfang in Nagasaki, darauf ein endloses Diner mit den Spitzen der

„Roon."

Behörden. Auch in Nagasaki wurde ich von der Stadt mit schönen Gaben beschenkt.

Den 16. schiffte ich mich auf der „Roon" ein, nach einem Frühstück beim Konsul Müller-Beck. Mein deutsches Herz freute sich, zu sehen, daß von den zahlreichen großen Dampfern aller Nationen unsere deutsche „Roon" doch der stolzeste war.

Ich konnte Japan mit einem Gefühl großer Zufriedenheit verlassen. Den Abgesandten des Deutschen Kaisers hat das Land mit großer Zuvorkommenheit aufgenommen. Auch auf dem Kriegsschauplatze war man bemüht, mich

über alles auf dem laufenden zu halten und mir die Einsicht
in die Verhältnisse nicht zu erschweren. Ich durfte dank
des Befehls Seiner Majestät meines Kaisers einen ge=
waltigen Krieg mitmachen; der gewaltigsten Schlacht dieses
Krieges in allen ihren Phasen beiwohnen. Nun wirft sich
eine Frage auf. Hätten die Japaner ebenso große Erfolge
erzielt, wenn sie einem vom Offensivgeiste beseelten Gegner
gegenüber gestanden hätten? Ich glaube diese Frage ent=
schieden verneinen zu dürfen. — Die japanischen Führer
waren nicht gewöhnt, schnelle Entschlüsse zu fassen; sie hatten
es mit einem Feinde zu tun, der sich nicht befreien konnte
von dem alteingebürgerten Gedanken an die „positia" mit
einem Feinde, der sich wehrte, aber nicht angriff. Es wird
wohl nie einen europäischen Krieg geben, in dem monate=
lange Gefechtspausen entstehen. Der Grund dafür lag ja
in der Entfernung von der Heimat und an den Schwierig=
keiten, die sich dem Nachschub aller Art entgegenstellten.
Eines ist entschieden den Japanern vorzuwerfen, sie nützten
die einmal erzielten Erfolge nicht aus. Sie waren nur
Anfänger in der Verfolgung. Die Russen, die in teilweis
starker Unordnung von den Sha ho=Stellungen im Februar
auf Mukden zurückgingen, mußten energisch verfolgt werden,
durften nicht mehr zur Ruhe kommen. — Die Japaner,
sagt man, waren ermüdet. Ein siegreicher ermüdeter Soldat
kann einem fliehenden, der sicher auch ermüdet war, viel
Abbruch tun, wenn er ihn mit äußerster Anspannung seiner
Kräfte verfolgt. Man muß stets seinen Sieg auszunützen
verstehen!

Rückreise bis Genua.

Mein japanischer Ehrendienst begleitete mich an Bord, und nach einem herzlichen Abschied vom treuen Nagayama und den anderen Anwesenden setzte sich die „Roon" unter der kundigen Führung des Kapitäns Meiners in Bewegung.

In der Nacht vom 17. zum 18. sollten wir vor Wusung sein. Wir fuhren um 10 Uhr morgens auf dem kleinen Dampfer nach Shanghai, wo ich im schönen deutschen Generalkonsulat bei Geheimrat Knappe abstieg. Das europäische Viertel (der Bund) von Shanghai ist ganz stattlich; doch ähnelt in diesen asiatischen Städten ein europäisches Viertel dem andern.

Weit interessanter ist der Besuch der Chinesenstadt, in der man aber von einem kundigen Führer geleitet werden muß, da man sich sonst unfehlbar in dem Gewirr von Gassen und Gäßchen verirren würde. Dort sieht man aber in das Innerste des chinesischen Straßen- und Hauslebens hinein, und es gehören starke Geruchsnerven dazu, um dort durchzukommen, ohne schwach zu werden. Dabei ist auch das Gehör des Fremden durch das Geschrei der schwatzenden, rauchenden und rülpsenden Chinesen stark in Mitleidenschaft gezogen; denn wenn diese miteinander sprechen, glaubt man, sie stritten sich.

Abends hatte Dr. Knappe die Spitzen der Behörden und die fremden Vertreter eingeladen. Der französische Konsul hat eine recht hübsche und liebenswürdige Frau.

Chinesenstadt.

Den Nachmittag benutzte ich, um in dem großen Jesuiten= kolleg dem Père Froc die ihm von Sr. Majestät verliehene goldene Medaille für Kunst und Wissenschaft zu übergeben. Père Froc hat sich um die Berechnung der Taifune ver= dient gemacht und durch das Ansagen dieser gefährlichen Stürme auch dem deutschen ostasiatischen Geschwader wert= volle Dienste geleistet.

Kiosk.

Am 19. besuchte ich die deutsche Schule und fand dieselbe gut eingerichtet, auch wohnte ich dem Unterricht bei, doch ärgerte es mich, ein Bild Bismarcks, aber keines Kaiser Wilhelms des Großen zu sehen. Ich bemerkte dies dem Lehrer, der mir jedoch mit Achselzucken antwortete.

Am 19. verlebte ich gemütliche Stunden auf dem kleinen Kreuzer „Seeadler", wohin mich Kapitän Puttfarken zum Frühstück eingeladen hatte. Abends lernte ich die Hauptvertreter der deutschen Kolonie kennen.

Bei kalter, unangenehmer Witterung fuhr ich um 8 Uhr vormittags auf dem kleinen Dampfer „Bremse" auf die Wusunger Reede zurück. Die „Roon" lichtete bald die Anker, und wir kamen mit guter Fahrt an den Goßlar-Inseln vorbei. Auf der Elliot-Insel ist das Wrack eines chinesischen Kriegsschiffes sichtbar; der Admiral soll sich deswegen das Leben genommen haben.

Bei herrlicher, ruhiger Fahrt kamen wir am 23. um 10 Uhr bei fast + 24 Grad in Hongkong an. Das Meer hatte eine herrliche blaue Färbung. Ich stieg beim Konsul Krüger ab. Von der Hinfahrt nach Japan her war mir Hongkong schon in angenehmer Erinnerung. Ich hatte sehr angenehme Stunden beim intelligenten Gouverneur Sir Nathan und auf S. M. S. „Iltis" verbracht.

Hongkong, früher ein nackter Fels, macht jetzt einen herrlichen, blühenden Eindruck. Breite, gutgepflegte Straßen führen den Felsen hinauf. Auf den Spitzen der Höhen haben die Engländer Befestigungen angelegt, die das Meer weithin beherrschen. Die Stadt ist mit der Villenanlage auf dem Peak durch eine unglaublich steile Drahtseilbahn verbunden. Das deutsche Konsulat liegt auf halber Höhe inmitten eines schönen Gartens. Frau Krüger, die Tochter des Generalarztes v. Bardeleben, ist eine hübsche Frau, die über eine schöne Stimme verfügt.

Rückreise bis Genua.

Mittags war ich wieder der Gast des liebenswürdigen Gouverneurs Sir Nathan, der das Deutsche und Französische gut beherrscht und in der deutschen Literatur sehr bewandert ist. Bei dem Lunch waren ein englischer General, mehrere Damen, Admiral Sir Noël und Bronsart zugegen. Die Abfahrt aus Hongkong erfolgte am 24. bei herrlichem

Singapore.

Wetter. Die Färbungen des Meeres könnten in Glanz und Schmelz der Farben von keinem Maler in ihrer wahren Schönheit wiedergegeben werden. Bald nach der Ausfahrt aus dem Hongkonger Hafen kamen wir an schön=
geformten hohen Berginseln vorbei. Die „Roon" geht sehr angenehm und trotz ziemlich starken Wellenganges ganz ruhig. Ein merkwürdiges Bild des Friedens konnten wir auf dem Schiff täglich beobachten. Unter den Zwischen=

deckpassagieren waren zahlreiche russische Soldaten und einige Japaner. Nachdem diese die ersten Tage umeinander wie die Katze um den heißen Brei gegangen waren, schlossen sie Freundschaft, und man konnte bald sehen, wie die kleinen Japanerinnen den breitschultrigen großen Russen ihr Essen brachten.

Es entspann sich später ein Verhältnis zwischen diesen Japanern und Russen, daß man denken konnte, die beiden Nationen hätten sich niemals bekriegt.

Bei großer Wärme wechselten Tropenschauer und Dünung ab. Am 28. hatten wir linker Hand die Anamba-Inseln, rechts die bis 3400 Fuß hoch aufsteigende Insel Tiomar und die Inseln Aor und Pemangil, welche 1800 und 1500 Fuß aus dem Meere aufsteigen. Abends erblickten wir das Horseburgh Light House und ankerten um 7 Uhr vor Singapore. Schon seit einiger Zeit fühlte ich mich nicht recht wohl, da ich einen starken Anfall von Dysenterie hatte, der gar nicht enden wollte. Man fühlt sich dabei außerordentlich schlaff, wird mit der Zeit ganz schwach und magert stark ab. In Singapore konnte ich mich kaum schleppen, trotzdem machte ich in Begleitung des Generalkonsuls die Fahrt nach Johore. Wir sahen uns dort den schönen Park und den Palast des Sultans an. Dieser bietet wenig Sehenswertes. Der Sultan ist ein jüngerer, uninteressanter Lebemann.

Abends gab mir Generalkonsul Giliani ein Diner im Hotel. Singapore ist eine große Stadt mit großem, europäisch aussehendem Viertel. Die schönsten Villen und die schönsten Equipagen sind dort in den Händen der Chinesen.

Penang: Wasserfall im botanischen Garten.

Am 30. verließen wir Singapore; um 6 Uhr früh hatten wir schon 26° R. Das ist das Erschlaffende an dem Klima von Singapore, daß es das ganze Jahr hindurch sich gleich bleibt und man dort von einer feuchtwarmen Treibhausluft umgeben ist, die alle Schweißporen öffnet.

Die Wärme machte sich in der ziemlich engen Malakka-Straße recht unangenehm fühlbar; rechts hat man das Festland, links die geschwungene Linie von Sumatra.

In der Nacht war es in der Kabine kaum auszuhalten, so daß ich die ganze Zeit auf Deck promenierte. Als der Morgen des 31. graute, waren wir immer noch in der Straße von Malakka. Wir kamen um 3 Uhr in Penang an. Dies ist eine Insel, die in der Üppigkeit der Vegetation mit Ceylon wetteifert. Sehr sehenswert ist der überaus

In Penang. 153

geschickt angelegte botanische Garten, in dem Kunst und
Natur sich aufs glücklichste vermählen.

Ein hoher Wasserfall, der 200 Fuß über zwei Absätze
in eine steile Schlucht herabstürzt, spendet bei 29 Grad an=
genehme Kühlung. Ich verbrachte den Abend im Hause
und Garten des Konsuls Sielke und kehrte gegen Mitter=
nacht auf das Schiff zurück.

Am 1. Juni war ziemlich starke Dünung; zwischen den
Inseln Pulo Weh und Pulo Braß umkreiste das Schiff
ein sehr starker Seeadler, der weit über 2 m Spannung
zeigte. Derselbe hatte weiße Federn an Kopf, Hals,
Schwanz und Hosen. Demjenigen, der sich für Ornithologie
interessiert, bringt die Fahrt nach Ostasien manches Inter=

Brandung am Hafen von Colombo.

11

essante. Recht verschiedene Möwenarten begleiteten uns. Tölpel umkreisten das Schiff in weitem Bogen, um sich nach einiger Zeit schwimmend auszuruhen, und auf der Hinfahrt beobachtete ich sogar zwei Fregattenvögel, nicht

Junges Mädchen auf Ceylon.

lange, nachdem wir einen Zug von zwanzig Walfischen gekreuzt hatten.

Wir sind auf der Fahrt nach Colombo. Die Dünung hat sehr zugenommen, und der starke Südweststurm läßt die „Roon" in allen ihren Fugen erzittern; besonders, als wir am Südende des Meerbusens von Bengalen waren, nahm der Wind zu. Die Windstärke betrug 5½, jeden Augenblick entluden sich starke Regenschauer auf das Schiff, so daß man kaum hundert Meter vor sich sah.

Junges Mädchen auf Ceylon.

Wir haben am 4. Juni starken Gegenstrom, lebhafter Monsun hat eingesetzt, die Dünung ist sehr bedeutend, aber die „Roon" stampft nur wenig. Durch den Gegenstrom haben wir Zeit verloren und werden wohl erst um 2 Uhr nachts vor Colombo eintreffen. Auf der Hinfahrt hatten wir auf diesem Teil der Reise Windstärke 11.

Um 7 Uhr vormittags kam Konsul Freudenberg, ein recht intelligenter Mann, an Bord und schlug mir einen Ausflug nach Kandy vor. Ceylon kann man seiner Schönheit wegen wahrlich das Paradies auf Erden nennen. Eine herrliche, üppige Vegetation vereinigt sich dort mit einem Hochgebirge von 2400 m.

Die Bevölkerung ist schön hellbronzefarbig mit samtweicher Haut. Die jungen Frauen haben die biegsame Gestalt des Palmenbaumes und sind außerordentlich gut gebaut. Fest und prall sind die runden, hochangesetzten Brüste, und auch Schultern und Arme sind von tadelloser Form.

Ein herrlicher Weg führt durch die üppigste Tropenvegetation nach Mount Lavinia, welches am Ende eines Palmenhaines auf niederem Felshügel steht, an dessen Klippen sich donnernd die Brandung bricht.

Der Weg nach Kandy wird auf der Eisenbahn zurückgelegt. Die Bahnverwaltung hatte mir in liebenswürdiger Weise einen Salonwagen gestellt. Die Fahrt geht erst durch die Ebene. Auf beiden Seiten wächst dichter Tropenwald, an den sich Felder reihen. Dort spazierten gemütlich zwei große Elefanten. Nach einiger Zeit fängt die Steigung an. Der Zug hat eine Höhendifferenz von 1685 Fuß bis Kandy zu überwinden. Rechter Hand führt die Bahn an einem Abgrund entlang, linker Hand erblickt man hohe, schöngeformte Felsberge, deren Flanken von Schluchten zerrissen sind, deren Bäche sich rauschend in den Abgrund stürzen. Die Vegetation in Kandy ist märchenhaft. Große Bäume mit roten, gelben und blauen Blüten geben genügend Schutz gegen die brennenden Strahlen der Sonne.

Ceylon: Wasserfall.

Im guten Queen=Hotel wurde geluncht, und dann mußte bald zurückgekehrt werden, da um $8^1/_2$ Uhr die „Roon" weiterfuhr. Auf der Fahrt von Kandy nach Colombo konnte ich den brennenden Durst mit dem Inhalt einer Kokosnuß stillen; die sogenannte Milch ist sehr schmackhaft.

Der Gedanke an die baldige Heimkehr, an die Wieder=
vereinigung mit den Lieben zu Hause beschäftigte mich. Meine Frau wollte mir bis Port Said entgegenfahren, mein geliebter Vater mich in Genua erwarten. Zunächst ging die Fahrt am 7. Juni von Colombo aus ziemlich ruhig

ohne zu starke Dünung vonstatten; am 9. trat sehr starker Monsunsturm auf, die Dünung wird sehr bemerklich, und die „Roon" fängt gewaltig zu stampfen an. Die Wellen werden immer größer und haben eine schwarze Farbe. Sie brechen sich am starken Körper des Schiffes oder überfluten das Vorderdeck. Die „Roon" nimmt sehr viel Wasser auf, und eine große Anzahl von Passagieren opfert dem Poseidon. Mir macht es Spaß, hoch oben von der Kommandobrücke herunter in das Toben des aufgewühlten Wassers zu sehen; denn trotz des Unwetters, trotz des Ächzens des Schiffsrumpfes hatte ich das Gefühl großer Sicherheit.

Bei diesem Sturme lassen wir die große, 1500 m hohe Insel Sokotra links von uns. Sokotra erinnert mich in seiner Gestalt an das Wilde Kaisergebirge.

Bei starker Dünung kamen wir am 12. in Aden an.

Hinter der Stadt Aden erhebt sich 1700 Fuß aus dem Meere der stark befestigte Felsstock, der Gebel Shafhan,

Gebel Jsahn bei Aden.

während linker Hand der scharf gezackte Gebel Jsahn 1200 Fuß emporsteigt.

Von Aden an konnte ich der Weiterfahrt keinen Geschmack mehr abgewinnen; denn dort traf mich wie ein Blitz aus heiterem Himmel die furchtbarste Nachricht: Seine Königliche Hoheit der Fürst Leopold von Hohenzollern, mein heißgeliebter Vater, war am 8. in Berlin, wohin er sich zur Hochzeit unseres Kronprinzen begeben hatte, im Alter von 70 Jahren am Herzschlag gestorben.

Mit einem Schlage war ich um Jahre gealtert, und mein erster Gedanke war der Vers des wehmütigen Liedes:

„Als ich wiederkam, als ich wiederkam,
War alles leer!"

doch lebte die Hoffnung in mir; denn mein größter Schatz war mir geblieben, meine Frau und meine Kinder.

Juli 1908.

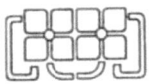